Der Antijudaismus auf dem Weg vom Judentum zum Christentum

T0352018

Wiener Vorlesungen: Forschungen

Herausgegeben für die Kulturabteilung der Stadt Wien
von Hubert Christian Ehalt

Band 4

Anhand der Geburt Jesu durch die Jungfrau Maria werden die in der Zeitenwende in Palästina vorhandenen Geisteshaltungen dargestellt und die in den letzten vorchristlichen Jahrhunderten aufgetretenen deuteronomistischen, weisheitlichen, apokalyptischen und hellenistischen Tendenzen berücksichtigt. Das Wirken von Jesus wird im Einklang mit seinem Judentum beschrieben und seine Kreuzigung durch die damals herrschende und später revidierte Ansicht über einen Messias erklärt, der gewaltsam zu seiner Herrschaft gelangen sollte. Die Loslösung der Jesusanhänger vom Judentum und der darauf folgende innerchristliche Konflikt begründet die antijudaistische Haltung maßgebender Kirchenväter. Diese sahen in der Beibehaltung jüdischer Bräuche der Judenchristen eine Gefahr für die Einheit des Christentums, das schon im zweiten Jahrhundert von den Christen dominiert wurde, die aus dem Heidentum stammten. Diese Einstellung gegen die judaisierenden Christen führte dann zu den antijudaistischen Aussagen christlicher Theologen.

Peter Landesmann, geboren 1929 in Wien; Studium an der Hochschule für Bodenkultur und der Universität Wien (Judaistik, Evangelische und Katholische Theologie); Veröffentlichung zahlreicher Bücher zur Judaistik; seit 2000 Lektor und seit 2006 Professor der Universität Wien für das Fach Judaistik.

PETER LANG

Frankfurt am Main · Berlin · Bern · Bruxelles · New York · Oxford · Wien

Peter Landesmann

Der Antijudaismus auf dem Weg vom Judentum zum Christentum

PETER LANG
Internationaler Verlag der Wissenschaften

Bibliografische Information der Deutschen Nationalbibliothek
Die Deutsche Nationalbibliothek verzeichnet diese Publikation in
der Deutschen Nationalbibliografie; detaillierte bibliografische
Daten sind im Internet über http://dnb.d-nb.de abrufbar.

Umschlagpapier und Covergestaltung:
Hubert Christian Ehalt

Gedruckt mit Unterstützung
der Stadt Wien, MD-EI - Magistratsdirektion
für Europa und Internationales

ISSN 1437-9015
ISBN 978-3-631-61833-2
© Peter Lang GmbH
Internationaler Verlag der Wissenschaften
Frankfurt am Main 2012
Alle Rechte vorbehalten.

Das Werk einschließlich aller seiner Teile ist urheberrechtlich
geschützt. Jede Verwertung außerhalb der engen Grenzen des
Urheberrechtsgesetzes ist ohne Zustimmung des Verlages
unzulässig und strafbar. Das gilt insbesondere für
Vervielfältigungen, Übersetzungen, Mikroverfilmungen und die
Einspeicherung und Verarbeitung in elektronischen Systemen.

www.peterlang.de

Vorwort des Reihenherausgebers

Die Wiener Vorlesungen laden seit Anfang 1987 wichtige Persönlichkeiten des intellektuellen Lebens dazu ein, in den Festsälen des Rathauses ihre Analysen und Befunde zu den großen aktuellen Problemen der Welt vorzulegen. Auftakt war der Vortrag des renommierten deutschen Soziologen Prof. Dr. René König über das Verhältnis von Stadt und Universität. Die Analyse dieser Beziehung und das Anliegen, die Schnittstelle zwischen wissenschaftlicher und urbaner Öffentlichkeit breit und lebendig zu gestalten, zieht sich als roter Faden durch die Wissenschaftsförderungsarbeit der Stadt Wien und wird mit bisher weit über 1000 Veranstaltungen mit über 3.500 Referentinnen und Referenten vor über 500.000 Zuhörerinnen und Zuhörer in die Tat gesetzt. Neun Buchreihen begleiten die Wiener Vorlesungen. Das vorliegende Buch von Peter Landesmann erscheint in der Reihe „Wiener Vorlesungen. Forschungen", deren Zielsetzung es ist, Themen der Wiener Vorlesungen in die aktuellen Forschungsdiskurse einzubetten und weiterzuführen.

Die Zielsetzung der Wiener Vorlesungen ist die aktuelle Weiterführung des Projektes der Aufklärung. Es geht nicht nur um Wissen als Information, sondern Wissen als Auseinandersetzung und Kritik, die dazu beitragen, „Bildung" als individuelle und kollektive Qualität des Wissens und der Erkenntnis weiterzuentwickeln. „Sapere aude", das Wagnis des Wissens als verantwortungsbewusste und mutige Haltung und Handlung gegen eingefahrene und ritualisierte Konventionen ist wie im 18. Jahrhundert bei den Vordenkern der Aufklärung auch das zentrale Postulat der Wiener Vorlesungen. Philosophie und Methode des Projektes lassen sich in acht Punkten zusammenfassen. Aufklärung statt Vernebelung, Differenzierung statt Vereinfachung, Analyse statt Infotainment, Tiefenschärfe statt Oberflächenpolitur, Empathie statt Egomanie, Utopien statt Fortschreibung, Widerspruch statt Anpassung, Auseinandersetzung statt Belehrung. Die gegenwärtige Welt braucht Kritik und Perspektive im Sinne dieses Programms. Wirtschaft, Gesellschaft, Politik und Kultur müssen – das zeigen die gegenwärtigen Probleme im Zusammenhang mit den aktuellen Wirtschafts- und Bankenkrisen in aller Deutlichkeit – neu gedacht werden. Nie wurde so deutlich wie in den letzten Jahren, dass routinemäßige Fortschreibung nicht mehr möglich ist.

Unabhängig von der schwierigen politischen, ideologisch und ideenmäßig höchst komplexen thematischen Konzeption der Wiener Vorlesungen, die gegenwärtig die gesellschafts- und wirtschaftsmächtige These kritisiert, dass die Welt ein Unternehmen ist, über dessen Erfolg nur der Markt entscheidet, haben die Wiener Vorlesungen ein klares und einfaches Konzept: Prominente DenkerInnen stellen ihre Analysen und Einschätzungen zur Entstehung und zur Bewältigung der brisanten Probleme der Gegenwart zur Diskussion. Die Wiener Vorlesungen skizzieren nun seit Anfang 1987 vor einem immer noch wachsenden Publikum in dichter Folge ein facettenreiches Bild der gesellschaftlichen und geistigen Situation der Zeit. Das Faszinierende an diesem Projekt ist, dass es immer wieder gelingt, für Vorlesungen, die anspruchsvolle Analysen liefern, ein sehr großes Publikum zu gewinnen, das nicht nur zuhört, sondern auch mitdiskutiert. Das Wiener Rathaus, Ort der kommunalpolitischen Willensbildung und der Stadtverwaltung, verwandelt bei den Wiener Vorlesungen seine Identität von einem Haus der Politik und Verwaltung zu einer Stadtuniversität. Das Publikum kommt aus allen Segmenten der Stadtbevölkerung; fast durchwegs kommen sehr viele Zuhörer aus dem Bereich der Universitäten und Hochschulen; das Wichtige an diesem Projekt ist jedoch, dass auch sehr viele Wienerinnen und Wiener zu den Vorträgen kommen, die sonst an wissenschaftlichen Veranstaltungen nicht teilnehmen. Sie kommen, weil sie sich mit dem Rathaus als dem Ort ihrer Angelegenheiten identifizieren, und sie verstärken durch ihre Anwesenheit den demokratischen Charakter des Hauses.

Es ist immer wieder gelungen, ReferentInnen im Nobelpreisrang zu gewinnen (Persönlichkeiten, die den Nobelpreis und solche, die den alternativen Nobelpreis erhalten haben), die ihre Wissenschaft und ihr Metier durch die Fähigkeit bereichert haben, Klischees zu zerschlagen und weit über die Grenzen ihres Faches hinauszusehen. Das Besondere an den Wiener Vorlesungen liegt vor allem aber auch in dem dichten Netz freundschaftlicher Bande, das die Stadt zu einem wachsenden Kreis von bedeutenden Persönlichkeiten aus Wissenschaft und Forschung in aller Welt knüpft. Die Vortragenden kamen und kommen aus allen Kontinenten, Ländern und Regionen der Welt, und die Stadt Wien schafft mit der Einladung prominenter WissenschafterInnen eine kontinuierliche Einbindung der Stadt Wien in die weltweite „scientific community". Für die Planung und Koordination der Wiener Vorlesungen war es stets ein besonderes Anliegen, diese freundschaftlichen Kontakte zu knüpfen, zu entwickeln und zu pflegen.

Anliegen der Wiener Vorlesungen ist eine Schärfung des Blicks für die Komplexität, Differenziertheit und – häufig auch – Widersprüchlichkeit dessen, was als gesellschaftliche, kulturelle und politische Wirklichkeit erlebt wird. Der analytisch-interpretative Zugang der Wiener Vorlesungen dämpft die Emotionen und legt Fundamente für eine Bewältigung der Probleme mit zivilen und demokratischen Mitteln. Das Publikum trägt durch seine Teilnahme an den Wiener Vorlesungen zur "Verbreitung jenes Virus" bei, das für ein gutes politisches Klima verantwortlich ist.

Fernand Braudel hat mit dem Blick auf die unterschiedlichen Zeitdimensionen von Geschichte drei durch Dauer und Dynamik voneinander verschiedene Ebenen beschrieben: 'L'histoire naturelle', das ist jener Bereich der Ereignisse, der den Rhythmen und Veränderungen der Natur folgt und sehr lange dauernde und in der Regel flache Entwicklungskurven aufweist. 'L'histoire sociale', das ist der Bereich der sozialen Strukturen und Entwicklungen, der Mentalitäten, Symbole und Gesten. Die Entwicklungen in diesem Bereich dauern im Vergleich zu einem Menschenleben viel länger; sie haben im Hinblick auf unseren Zeitbegriff eine 'longue durée'. Und schließlich sieht er in der 'l'histoire evenementielle' den Bereich der sich rasch wandelnden Ereignisoberfläche des politischen Lebens.

Die Wiener Vorlesungen analysieren mit dem Wissen um diese unterschiedlichen zeitlichen Bedingungshorizonte der Gegenwart die wichtigen Probleme, die wir heute für morgen bewältigen müssen. Wir sind uns bewusst, dass die Wirklichkeit der Menschen aus materiellen und diskursiven Elementen besteht, die durch Wechselwirkungsverhältnisse miteinander verbunden sind. Die Wiener Vorlesungen thematisieren die gegenwärtigen Verhältnisse als Fakten und als Diskurse. Sie analysieren, bewerten und bilanzieren, befähigen zur Stellungnahme und geben Impulse für weiterführende Diskussionen.

Unter den bisherigen Referentinnen und Referenten befanden sich u. a. Marie Albu-Jahoda, Kofi Annan, Aleida Assmann, Jan Assmann, Jean Baudrillard, Ulrich Beck, Hans Belting, Bruno Bettelheim, Leon Botstein, Pierre Bourdieu, Christina von Braun, Elisabeth Bronfen, Ernesto Cardenal, Luc Ciompi, Carl Djerassi, Marion Dönhoff, Barbara Duden, Irenäus Eibl-Eibesfeldt, Manfred Eigen, Mario Erdheim, Amitai Etzioni, Valie Export, Vilem Flusser, Heinz von Foerster, Viktor Frankl, Peter Gay, Ute Gerhard, Maurice Godelier, Ernst Gombrich, Michail Gorbatschow, Marianne Gronemeyer, Karin Hausen, Jeanne Hersch, Eric J. Hobsbawm, Werner Hofmann, Ivan Illich, Eric Kandel, Verena Kast, Otto F. Kernberg, Rudolf Kirchschläger, Václav Klaus, Ruth Klüger, Teddy Kollek, Kardinal Franz König, György Konrad, Bischof Erwin Kräutler, Bruno Kreisky, Peter Kubelka, Hermann Lübbe, Niklas Luhmann, Viktor Matejka, Dennis L. Meadows, Adam Michnik, Hans Mommsen, Josef Penninger, Roger Penrose, Max F. Perutz, Hugo Portisch, Uta Ranke-Heinemann, Eva Reich, Marcel Reich-Ranicki, Horst-Eberhard Richter, Jeremy Rifkin, Erwin Ringel, Carl Schorske, Richard Sennett, Edward Shorter, Dorothee Sölle, Aminata Traoré, Marcel Tshiamalenga Ntumba, Desmond Tutu, Paul Watzlawick,

Georg Weidenfeld, Erika Weinzierl, Ruth Wodak, Anton Zeilinger, Hans Zeisel, Jean Ziegler.

Peter Landesmann ist „permanent fellow" der Wiener Vorlesungen. Er begleitet das Projekt seit vielen Jahren, und er hat in diesem Zeitraum sein Wissen und seine Expertise in der Judaistik, in der protestantischen und katholischen Theologie und in einer vergleichenden religionswissenschaftlichen Perspektive verdichtet. Als Herausgeber der Reihe „Wiener Vorlesungen. Forschungen" freue ich mich darüber, dass der Honorarprofessor am Institut für Judaistik und dreifache Doktor die Publikation seines Vortrages zum Thema „Die Geburt des Christentums aus dem Judentum" im Picus Verlag in der hier vorgelegten Publikation vertieft und erweitert hat.

Hubert Christian Ehalt

Inhaltsverzeichnis

1. Vorwort

1.1 Die Einleitung

Das Christentum betrachtet sich als das Erbe des Judentums. Die Bücher der Hebräischen Bibel wurden als „Altes Testament" in die christliche Bibel integriert. Diese Integration ging so weit, dass im Neuen Testament 212 Stellen der Hebräischen Bibel, die sogar aus mehreren Versen bestehen können, zum Teil sogar mehrfach angeführt sind. Die Hebräische Bibel wurde somit als „Altes Testament" ein Teil der christlichen Bibel.

Ein Theologe, der später als Häretiker gebrandmarkt wurde und der einen Keil zwischen die Hebräischen Bibel und die Evangelien treiben wollte, war Marcion (85 – nach 144 n.Chr.).

Seiner Ansicht nach sollte das Alte Testament verworfen werden, weil es einen zürnenden, gerechten, letzlich »bösen« Gott (den Schöpfergott, Demiurgen) verkünde, der mit dem neutestamentlichen Gott der Liebe nichts gemein habe. Christus, der diesen Gott der Liebe verkündete, habe sich durch sein Leiden in einem zum Schein angenommenen Leibe (Doketismus) aus der Macht des Demiurgen befreit. Diese Ansicht, wonach der jüdische Gott ein rachsüchtiger, böser Gott sei, wurde auch später immer wieder vertreten, obwohl die Kirche solchen Lehren stets entgegentrat.

Wenn wir den Auffassungsunterschied suchen, wo die christliche Religion vom Judentum abgewichen ist, so ist dieser in den widersprechenden Ansichten über die Person Jesus zu finden. Am Beginn dieser Weggabelung stand die Frage über die Messianität Jesu. Um die Entstehung des Begriffes eines Messias zu verstehen, haben wir die vielfältigen Tendenzen im Judentum zu analysieren, die zu der Auffassung führten, dass Gott in der Person des Messias einen Retter entsendet.

In den Jahrhunderten vor dem Auftreten Jesu war das Judentum in verschiedene Gruppierungen aufgespalten, von denen die bekanntesten die Pharisäer, die Saduzzäer und die Essener sind. Aber auch innerhalb dieser Gruppen gab es unterschiedliche Ansichten.

Diese vielfältigen Strömungen entstanden vornehmlich durch die in den letzten Jahrhunderten vor der Zeitwende auf den nahöstlichen Bereich einwirkenden religös-philosophischen und zum Teil mystischen Tendenzen des Orients und

Ägyptens, der klassischen griechischen Philosophie, der persischen Kultur und des Hellenismus.

Es sollen aus dieser Vielfalt von Geistesströmungen innerhalb des Judentums nur die erwähnt werden, die für die Ausformung des Christentums in erster Linie mitbestimmend waren. Die im Folgenden beschriebenen Auffassungen, die zwar zeitlich nacheinander entstanden sind, bedeuten aber nicht, dass die früheren von den späteren abgelöst worden sind. Die angesprochene Vielfalt hat sich dadurch ergeben, dass die diversen religiösen Vorstellungen weiterhin nebeneinander bestanden haben und ihren Einfluss auf die Ausformung des Judentums und später auf das Christentum geltend gemacht haben.

Als Abschluss dieser Ausführungen über die Entwicklung des Judentums, die zum Christentum führt, wird auf den Umstand hingewiesen, der für die Ausformung des christlichen Antijudaismus am maßgebendsten war, nämlich die christliche Beurteilung des Eigenwertes der Hebräischen Bibel.

Aufmerksame Leser werden an manchen Stellen bei den Bibelzitaten Widersprüche entdecken. Solche Widersprüche wurden vielfach durch Auslegungen des Textes überbrückt, die wir als Bibelerklärungen in einer Anzahl von Schriften finden. Viele von diesen wurden in Büchern zusammengefasst, die als Midraschim bezeichnet werden. (Einzahl: Midrasch, das hebräische Wort bedeutet „Auslegung").

Sollte auch eine solche Auflösung von Widersprüchen nicht befriedigen, dann gilt der rabbinische Spruch: „Diese und Jene sind die Worte des lebendigen Gottes", womit gemeint ist, dass die Auffassungsgabe des Menschen beschränkt ist und er deshalb keine Erklärungen für diese nur scheinbaren Widersprüche findet.

Um den Sinn der Schrift zu ergründen, wurden verschiedene Methoden, sowohl von Juden als auch von Christen, angewandt:

1.2 Der vielfache Sinn der Schrift

1.2.1 Die jüdische Schriftauslegung

Aus dem Mittelalter stammen die vier gebräuchlichsten Auslegungsmethoden, die im Akronym „Pardes" (Paradies) zusammengefasst wurden:

- Der erste Konsonant P steht für Pschat, das bedeutet die einfache, wörtliche Bedeutung.
- Der zweite Konsonant R steht für Remes, d.h. Anspielung, Allegorie.

- Der dritte Konsonant D steht für Drasch: interpretative, homiletische Bedeutung.
- Der letzte Konsonant S steht für Sod, d.h. Geheimnis, und enthält mystische, vielfach esoterische Bedeutungen. Mit diesem Studium sollte erst begonnen werden, nachdem die drei ersten Ebenen studiert und verstanden wurden.

Außer diesen vier Auslegungsmethoden sind sieben Regeln des Hillel (ca. 30 v.Chr. bis 9 n.Chr.) sowie 13 Regeln des Rabbi Ischmael ben Elischa (90-135 n.Chr.) bekannt, die vor allem im Talmud gebräuchlich sind.

1.2.2 Die christliche Schriftauslegung

Schon im 2. Brief Petri ist die Notwendigkeit einer entsprechenden Schriftauslegung angedeutet: „Seid überzeugt, dass die Geduld unseres Herrn eure Rettung ist. Das hat euch auch unser geliebter Bruder Paulus mit der ihm geschenkten Weisheit geschrieben; es steht in allen seinen Briefen, in denen er davon spricht. *In ihnen ist manches schwer zu verstehen*, und die Unwissenden, die noch nicht gefestigt sind, verdrehen diese Stellen ebenso wie die übrigen Schriften zu ihrem eigenen Verderben." (2Pe 3,15f.).

Auf Grund des von Origenes erarbeiteten dreifachen Schriftsinns wurde durch Johannes Cassianus (um 360 – 435 n.Chr.) die Methode des vierfachen Schriftsinns entwickelt, die für das gesamte Mittelalter prägend war. Ähnlich wie in der jüdischen Tradition der Bibelauslegung (siehe PaRDeS) tritt zur historisch-literalen Exegese nun ein Dreischritt, der sich am Schema Glaube-Liebe-Hoffnung orientiert.

Literalsinn (wörtliche, geschichtliche Auslegung)
Allegorischer Sinn (Interpretation „im Glauben") = dogmatisch
Tropologischer Sinn (Interpretation „in Liebe") = moralisch
Anagogischer Sinn (Interpretation „in Hoffnung") = endzeitlich

Damit stand die Frage einer mehrdeutigen Schrift im Raum. Da aber nach eindeutigen Auslegungen gefragt wurde, setzten hier Reformbemühungen ein.

Die Reformatoren lehnen im Einklang mit dem in der Renaissance neu entdeckten historischen Bewusstsein den vierfachen Schriftsinn ab. Sie wollen historisch (und auch theologisch) „zu den Quellen" (ad fontes). Sie fragen allein nach dem Wort- oder Literalsinn (sola scriptura).[1]

2. Die Jungfrauengeburt Marias als Einführung in die Bibelexegese

So wie bei einer archäologischen Ausgrabung üblich, soll zuerst, als Probeausgrabung, ein kontroversielles Kapitel besprochen werden, um anhand dessen die Methoden und die Schwierigkeiten einer Bibelexegese aufzuzeigen.

Dazu sollen nachstehend die Texte, die die Jungfrauengeburt Marias schildern, zitiert werden. Diese dienen als Beispiel für die Schwierigkeiten, die mit der Textanalyse verbunden sind und weisen gleichzeitig auf die Möglichkeit hin, Aussagen eines Textes, die an und für sich der Vernunft entgegenstehen, für Gläubige annehmbar darzustellen:

„Mit der Geburt Jesu Christi war es so: Maria, seine Mutter, war mit Josef verlobt; noch bevor sie zusammengekommen waren, zeigte sich, dass sie ein Kind erwartete – durch das Wirken des **Heiligen Geistes.** Josef, ihr Mann, der gerecht war und sie nicht bloßstellen wollte, beschloss, sich in aller Stille von ihr zu trennen. Während er noch darüber nachdachte, erschien ihm ein **Engel** des Herrn im Traum und sagte: ,Josef, Sohn Davids, fürchte dich nicht, Maria als deine Frau zu dir zu nehmen; denn das Kind, das sie erwartet, ist vom Heiligen Geist. Sie wird einen Sohn gebären; ihm sollst du den Namen Jesus geben; denn er wird sein Volk von seinen **Sünden erlösen.'** Dies alles ist geschehen, damit sich erfüllte, was der Herr durch den **Propheten** gesagt hat. ,Seht, die **Jungfrau** wird ein Kind empfangen, einen Sohn wird sie gebären, und man wird ihm den Namen Immanuel geben, das heißt übersetzt: Gott ist mit uns'". (Mt 1,18-23).

Im griechischen Text ist im Satz Mt 1,23 „Jungfrau" richtigerweise mit „παρθένος" bezeichnet.

Dieser Text ist abhängig von Jes 7,14, wo es heißt:

„Darum wird euch der Herr von sich aus ein Zeichen geben: Seht, die **Jungfrau** wird ein Kind empfangen, sie wird einen Sohn gebären, und sie wird ihm den Namen Immanuel (Gott ist mit uns) geben." (Jes 7,14.).

Im hebräischen Text scheint aber statt dem Wort für Jungfrau „בְּתוּלָה", das Wort „עַלְמָה" auf, das „junge Frau" bedeutet. Dieser Unterschied wird von der Einheitsübersetzung übergangen, weil der Text nach der Septuaginta wiedergegeben wurde. In der Septuaginta, der griechischen Übersetzung der Hebräischen Bibel, wird dieses Wort nämlich als „παρθένος" (Jungfrau) angegeben.

Es ist schwer zu sagen worauf diese, gegenüber dem hebräischen Text sinnentstellende Übersetzung beruht. Es werden dafür unterschiedliche Erklärungen angeführt:

1. Es handelt sich um eine nachträgliche Korrektur christlicher Schreiber. Diese Behauptung ist deshalb möglich, da bis heute keine vorchristliche Schrift der Septuaginta mit diesem Textabschnitt aufgefunden wurde.
2. Manche Wissenschaftler behaupten, dass es zwischen dem Gebrauch der Worte „בְּתוּלָה" und „עַלְמָה" keine scharfe Trennung gegeben hätte.
3. Dem Übersetzer der Septuaginta stand eine andere Version der Hebräischen Bibel zur Verfügung, in dem an dieser Stelle das Wort „בְּתוּלָה" vorhanden war. Es ist richtig, dass der Text der Hebräischen Bibel erst in der nachchristlichen Zeit vereinheitlicht wurde und es bis dahin Fassungen gab, die zwar geringfügig, aber dennoch voneinander abgewichen sind. Diese Erkenntnisse stammen auch vom Studium der Schriftrollen, die in der Nähe des Toten Meeres aufgefunden wurden.

Paulus scheint in seinem Kreis noch nichts über die Jungfrauengeburt als Teil des neuen Glaubens zu wissen, denn er schreibt:
„Als aber die Zeit erfüllt war, sandte Gott seinen Sohn, geboren von einer Frau (ἐκ γυναικός) und dem Gesetz unterstellt,..." (Gal, 4,4). Er betont damit die rein menschliche Geburt, wobei er vermutlich die Jungfrauengeburt hervorgehoben hätte, wenn ihm diese bekannt gewesen wäre und er mit dieser übereingestimmt hätte.

Ignatius von Antiochien, der den Märtyrertod in den letzten Jahren Trajans (römischer Kaiser 98 bis 117 n. Chr.) erlitten hat, schreibt in seinem Brief an die Epheser, 18,2. „Denn unser Gott, Jesus der Christus, wurde von Maria empfangen, nach dem Heilsplan Gottes zwar aus dem Samen Davids, aber vom Heiligen Geist." Damit harmonisiert er die Abstammung Jesu, durch seinen Vater Josef, als Nachfahre des König David, wie dies aus den Stellen Mt 1,16 und Lk 1,27 zu entnehmen ist.

Augustinus von Hippo (354 – 430 n.Chr.) hat gleichfalls eine Stelle in der Hebräischen Bibel gefunden, um die ungeschlechtliche Zeugung sowohl Jesu als auch Marias zu beweisen. Er beruft sich auf den Psalm Vers 22,7: „Ich aber bin ein Wurm und kein Mensch, der Leute Spott, vom Volk verachtet." So wie die Würmer sich geschlechtslos vermehren, so ist auch Marias und Jesu Geburt auf diese Weise vor sich gegangen." (CChr 38,125.).

Für den Antijudaismus des späteren Mittelalters ist die Stellungnahme Guibert von Nogent (1053 – 1124 n.Chr.) zur jungfräulichen Geburt bezeichnend: Er verfasste um ca 1120 eine Abhandlung mit dem Titel „De virginate opusculum".

In diesem behauptet er, dass die Juden nicht den Unterschied zwischen Maria und anderen Frauen sehen. Wenn keine sexuelle Gier und daher keine Sünde vorhanden sind, dann sind die sexuellen Organe geheiligt. Auch Adam und Eva und Katzen, Geier, Bienen zeigen, dass eine Fortpflanzung ohne einen Sexualakt möglich ist. Die Juden haben nur ein wörtliches Schriftverständnis wegen ihres auf die fleischlichen Dinge gerichteten Wesens, sie sind daher wie Tiere."

Schon in dem vom ersten Konzil in Nicäa (325 n.Chr.) verabschiedeten Nicänisches Glaubensbekenntnis wird die Jungfrau Maria angeführt. Die Konzilsbeschlüsse, die den Text des Neuen Testamentes interpretierten, werden als Ergebnis des Einflusses des Heiligen Geistes verstanden. Daher können Gläubige auch so genannte „Wunder" als Realität ansehen.

Auch in den jüdischen Schriften sind Widersprüche und Wunderberichte anzutreffen, die mit unserer uns innewohnenden Rationalität nicht aufzulösen sind. Es war ja nicht Ziel und Zweck des rabbinischen Denkens eine theologische Lehre zu entwickeln, sondern Vorschriften für das „richtige" Tun zu erstellen.

Dass die jungfräuliche Empfängnis schon zu Zeiten Jesu und auch danach bezweifelt wurde, zeigen die von dem Evangelisten Johannes zitierten jüdischen Einwendungen: „Sie entgegneten ihm: Wir stammen nicht aus einem Ehebruch, sondern wir haben nur den einen Vater: Gott." (Joh 8,41.).

Weitere Argumente gegen die Jungfräulichkeit Marias kann aus Mk 6,3 entnommen werden: „Ist das nicht der Zimmermann Jesus), der **Sohn der Maria** und der Bruder von Jakobus, Joses, Judas und Simon? Leben nicht seine Schwestern hier unter uns?". Als Gegenargument wird die Bedeutung der Worte „Bruder" bzw, „Schwester" auch als „Cousin" oder „Cousine" verstanden. In diesem Sinne wird auch die Briefstelle Gal 1,19b. „Jakobus, den Bruder des Herrn…" verstanden.

Abschließend zu diesem Kapitel ist zu bemerken, dass es die Zielrichtung der Jungfrauengeburt ist, die Herkunft von Gott zu legitimieren.

Der alexandrinisch-jüdische Philosoph Philo (15/10 v.Chr. – nach 40 n.Chr.) hebt die Jungfräulichkeit auf eine höhere Ebene. In seinem Werk (post. 134.) findet sich folgende, frei übersetzte Ausführung: „Einige sind immer Jungfrauen, und einige Frauen werden zu Jungfrauen, so wie Sarah ‚denn es hatte aufgehört zu sein mit ihr nach der Weise der Frauen' {Gen 18,11.} als sie zu ihrem Glück ihren Nachwuchs Isaak zu fühlen begann. Aber die Frau, die für immer eine Jungfrau ist, über die hat Moses gesagt: ‚kein Mann hatte sie erkannt. (Gen 24,16.).' Denn in Wahrheit ist es keinem Sterblichen erlaubt, die rechtschaffene Natur zu verschmutzen, noch zu erfassen, was die Jungfräulichkeit eigentlich ist."

3. Der Heilige Geist

In Mt 1,18 wird „das Wirken des Heiligen Geistes" erwähnt. Der Begriff „Heiliger Geist" ist in der Hebräischen Bibel an mehreren Stellen erwähnt. Wie aus den folgenden Textbeispielen zu entnehmen ist bewirkt „Heiliger Geist" eine von Gott stammende Inspiration:

„Sie aber lehnten sich gegen ihn auf und betrübten **seinen heiligen Geist**. Nun dachten sie an die Tage der Vorzeit, die Zeit seines Knechtes Mose: ... Wo ist der, der seinen **heiligen Geist** in ihn gelegt hat." (Jes 63,10f.). So wie an dieser Stelle ist der hebräische Ausdruck, der in den rabbinischen Schriften vielfach verwendet wird, Ruach HaKodesch, im folgenden Psalm Vers vorhanden:

„Verwirf mich nicht von deinem Angesicht, und nimm deinen **heiligen Geist** nicht von mir!" (Ps 51,13.).

In den folgenden Zitaten wird der Ausdruck „Geist Gottes" erwähnt, wobei auch dieser Ausdruck einer „göttlichen Inspiration" gleichkommt:

„Siehe, ich habe Bezalel, den Sohn Uris, den Enkel Hurs, vom Stamm Juda, beim Namen gerufen und ihn mit dem **Geist Gottes** erfüllt, mit Weisheit, mit Verstand und mit Kenntnis für jegliche Arbeit:" (Ex 31,2f.).

Dieser göttliche Geist kann auch Heiden zu Teil werden, wie dies folgender Satz zeigt:

„Als Bileam aufblickte, sah er Israel im Lager, nach Stämmen geordnet. Da kam der **Geist Gottes** über ihn." (Num 24,2.).

In der Apostelgeschichte (10,45.) wird beschrieben, dass Juden es nicht fassen konnten, dass auch auf die Heiden die Gabe des Heiligen Geistes ausgegossen wurde. In den folgenden Zitaten ist der Ausdruck „Geist Gottes" im Hebräischen mit JHWH verbunden, während sonst „El" oder „Elohim" in diesem Ausdruck verwendet wurde: „Der Geist Gottes, des Herrn, ruht auf mir; denn der Herr hat mich gesalbt." (Jes 61,1.). Gleichfalls „Da kam der Geist des Herrn über Simson, ..." (Ri 14,6.).

Philo, erwähnt ebenfalls den göttlichen Geist und schreibt diesem die Wirkung prophetischer Verkündigungen zu:

„Ein Prophet verkündet nichts, was von ihm stammt, sondern ist nur ein Dolmetscher, eines anderen Seins. Seine eigenen Gedanken haben seine Seele verlassen, während der göttliche Geist an deren Stelle getreten ist." (spec. 4,49).

Aus der folgenden Bemerkung Philos ist auf eine länger dauernde Anwesenheit des göttlichen Geistes bei den Gerechten zu schließen:

„Man soll keine Schuld auf sich laden, damit der Heilige Geist sich nicht aus der Umgebung entfernen möge, sondern so lange bleibt, wie dies bei Mose der Fall war." (gig XI.47.).

Eine Parallele hierzu befindet sich im Buch der Weisheit (wahrscheinlich zwischen dem 2. vorchristlichen Jh. und 50 n.Chr. verfasst):

„Denn der Heilige Geist, der Lehrmeister, flieht vor der Falschheit, er entfernt sich von unverständigen Gedanken und wird verscheucht, wenn Unrecht naht." (Weish 1,5.).

381 n.Chr. wurde vom ersten Konzil in Konstantinopel beschlossen dass auch der Heilige Geist „wahrer Gott", d.h. die dritte Person der Gottheit sei. Das Nicäno-Konstantinopolitanum Glaubensbekenntnis beinhaltet das folgenden Dekret: „Wir glauben an den **Heiligen Geist**, der Herr ist und lebendig macht, der aus dem Vater und dem Sohn hervorgeht,[2] der mit dem Vater und dem Sohn angebetet und verherrlicht wird, der gesprochen hat durch die Propheten,…"

4. Die Zukunftshoffnungen Israels

Jesus wird in den meisten Stellen des NT als Messias angesehen, wobei manche Hinweise schon sein gottgleiches Wesen anklingen lassen.

Deshalb soll vorerst der Entstehung des Messias Glaubens im Judentum nachgegangen werden.

Die politische Geschichte Israels ist durch zahlreiche Kriege, die zumeist mit Niederlagen endeten, und mit nur kurzen Zeiten des Friedens zwischen diesen Kriegen, gekennzeichnet. Durch diese Situation bedingt wurden immer wieder Fragen nach der Zukunft dieses bevölkerungs- und flächenmäßig kleinen Landes gestellt. Die sich im Laufe der Zeit bei den Gottesmännern dieses Volkes herauskristallisierten Gedanken waren, dass der allmächtige und einzigartige Gott Israels sein Volk retten und den so sehr ersehnten ewigen Frieden herstellen würde. Diese Stufe des Gottesglaubens wird als Henotheismus bezeichnet, d. h., dass jede ethnische Gemeinschaft, wie auch Israel, ihrem Gott gehuldigt hat.[3] Dies ist auch in den frühen Büchern der Bibel aus zahlreichen Stellen zu entnehmen.

Z.B.: „Du sollst dich nicht vor anderen Göttern niederwerfen und dich nicht verpflichten, ihnen zu dienen. Denn ich, der Herr, dein Gott, bin ein eifersüchtiger Gott" (Ex 20,5.) oder „Der Herr allein hat Jakob geleitet, kein fremder Gott stand ihm zur Seite." (Dtn 32,12.). Auch aus den Sprüchen des Propheten Micha, anfangs des 8. Jhs. v.Chr., geht hervor, dass andere Nationen andere Götter verehrten: „Denn alle Völker gehen ihren Weg, jedes ruft den Namen seines Gottes an; wir aber gehen unseren Weg im Namen JHWHs, unseres Gottes, für immer und ewig." (Mi 4,5.).

Dieser Gott war zwar allgegenwärtig, aber sein Sitz war oberhalb der Bundeslade, sowohl im Wüstenheiligtum, als auch im Tempel von Jerusalem. Erst als dieser Tempel von den Babyloniern im Jahr 587 v.Chr. zerstört und die hebräische Oberschicht nach Babylon ins Exil verbannt wurde, entwickelte sich in den Prophetenschriften die wahrhaft monotheistische Sicht. Diese im Volk durchzusetzen war nicht einfach, da den einfachen Israeliten, die in ihrer Umgebung gepflogenen Gottesanbetungen, z.B. „Baal", die „Himmelskönigin" und „Götzen", leichter begreifbar waren, als ein allmächtiger, aber unsichtbarer Gott. Auch den Götzen zugesellte Göttinnen, wie die Aschera, wurden im Volk noch im babylonischen Exil verehrt.

Auch unter dem Einfluss der griechischen Philosophie sind in der Bibel Ausdrücke des Anthropomorphismus verwendet worden, die Gott als Mensch beschrieben (z.B. Angesicht Gottes in Gen 33,10. oder Gottes Hand Ex 33,22. etc.). Daher wurde nach einem Weg gesucht, wie man den unsichtbaren Gott mit diesen Ausdrücken in der Bibel in Einklang bringen konnte. Dies gelang durch die allegorische Auslegung der Bibel, wie dies in den Schriften des, Philo, nachzulesen ist.

Vor allem stand folgender Satz im Mittelpunkt religiöser Disputationen: „Dann sprach Gott: ‚Lasst uns Menschen machen…'" (Gen 1,26.) Religiöse Menschen, die für philosophische Überlegungen empfänglich sein konnten, hat dieser Satz empfindlich gestört, da die Frage im Raum stand, zu wem diese Worte gesprochen wurden. Juden meinten, diese seien Engel gewesen, Christen hingegen verwenden diesen Satz, um einen dreifaltigen Gott zu beweisen. Dieses Problem hat auch Philo behandelt und zwar anhand von Gen 3,22a: „Dann sprach Gott, der Herr: Seht, der Mensch ist geworden wie **wir**;". In Fragen zu Genesis I,54, meint er, dass der ungeborene und einzige Vater eine Reihe von Tugenden besitzt und deshalb die Mehrzahl für seine Person verwendet.

Ein weiteres Problem für den Monotheismus scheint die Entferntheit Gottes gewesen zu sein, die durch die Apokalyptik, die später behandelt wird, besonders ausgeprägt wurde. Die Entferntheit eines transzendenten, unsichtbaren Gottes hat die Menschen zum Teil zu ihren schon früher verehrten Göttern zurückgeführt, da man sich vermutlich die Frage stellte, ob Gebete diesen entfernten Gott erreichen können und ob dieser Gott sich auch um das Weltgeschehen kümmere.

Eine Lösung für dieses Gefühl, von Gott verlassen zu sein, konnte durch Beauftragte Gottes gelöst werden, die sich um die Menschen zu kümmern hatten. Dieser Zwiespalt zwischen einem Monotheismus, mit einem „Gott einzig und allein", und einem Hofstaat Gottes, mit Engeln als Diener Gottes, wurde weder im Judentum noch im Christentum aufgelöst.

Hingegen gab es in der Geschichte des Volkes Israels immer wieder Zeiten von Entbehrungen und Not. Um einer Hoffnungslosigkeit und Entmutigung entgegenzuwirken, war der Begriff „Gott Israels" für die Zuversicht in das künftige Wohlergehen des Volkes lebensnotwendig. Deshalb sind aus den verschiedenen Epochen der Geschichte Israels Gottessprüche überliefert, die die Rettung des Volkes einzig und allein ihrem kampfbereiten Gott zuschrieben:

„Wie glücklich bist du, Israel! Wer ist dir gleich, du Volk, gerettet durch den Herrn, den Schild, der dir hilft, deine Hoheit, wenn das Schwert kommt? Deine Feinde werden sich vor dir erniedrigen, und du setzt deinen Fuß auf ihre Nacken." (Dtn 33,29.).

Ebenfalls:

„Sagt den Verzagten: Habt Mut, fürchtet euch nicht! Seht, hier ist euer Gott! Die Rache Gottes wird kommen und seine Vergeltung; er selbst wird kommen und euch erretten. Dann werden die Augen der Blinden geöffnet, auch die Ohren der Tauben sind wieder offen. Dann springt der Lahme wie ein Hirsch, die Zunge des Stummen jauchzt auf. In der Wüste brechen Quellen hervor, und Bäche fließen in der Steppe." (Jes 35,4ff.).

Bei diesem Prophetenspruch wird die Errettung Israels schon mit einer wundersamen Zukunft verbunden, die auch die Natur verändert.

„Der Geist Gottes, des Herrn, ruht auf mir; denn der Herr hat mich gesalbt. Er hat mich gesandt, damit ich den Armen eine frohe Botschaft bringe und alle heile, deren Herz zerbrochen ist, damit ich den Gefangenen die Entlassung verkünde und den Gefesselten die Befreiung, ..." (Jes 61,1.).

In diesem Prophetenspruch ist das Salben (maschach) durch Gott als Sinnbild für die dem Propheten Jesaja übertragene Vollmacht zu verstehen. Damit sind seine Worte, die er verkündet, die Worte Gottes. Er agiert nicht als der Messias, sondern er sagt nur das Kommende voraus, das durch Gottes Eingreifen geschehen wird. Ein Eingreifen Gottes gegen die Feinde Israels wird nicht mehr erwähnt.

5. Das deuteronomistische Geschichtswerk

Vor allem im deuteronomistischen Geschichtswerk, das aus den Büchern Deuteronomium, Josua, Richter, 1. Samuel und 2. Samuel, sowie 1. Könige und 2. Könige, und aus gewissen Stellen des Buches Genesis besteht, ist Gott in vielen Fällen selber tätig.

In den erwähnten, vom Deuteronomisten[4] bearbeiteten Büchern, in denen Engel nur selten erwähnt werden, kommt wahrscheinlich eine eingetretene Rationalisierung zur Geltung. z. B. ist das Heiligtum der Aufenthaltsort des Namen Gottes (Dtn 12,5.11. und 21) und nicht Gottes selber. (1 Kön 8,13.). Auch hat Gott von seinem Sitz im Himmel seine Worte verlauten lassen, die an Israel „mitten aus dem Feuer" am Berge vermittelt worden sind (Dtn 5,4 und 9f.), während noch im Buch Exodus dieses Geschehen so beschrieben wurde, als ob Gott auf den Berg Sinai gekommen sei und von dort aus Mose seine Stimme vernommen hätte (Ex 19,). Die Bundeslade wurde im Dtn 10,1ff nur als Behälter der Tafeln mit den Geboten Gottes bezeichnet, während sie im Ex 25,22 und im 1 Sam 4,4 noch als Sitz Gottes gilt.[5] Es werden auch im Dtn Kap 6, und 7, Abschnitte aus Ex 23,20-33. zitiert, aber ein Engel, dem im Buch Exodus eine prominente Rolle zukommt, scheint nicht auf. Alles wird durch die Anwesenheit Gottes selbst in die Wege geleitet.[6]

6. Der apokalyptische Einfluss

Um 200 v.Chr. entstand das außerkanonische Buch Tobit mit folgender Weissagung: „Dann wird Gott Erbarmen mit ihnen haben und sie wieder in die Heimat zurückführen. Sie werden den Tempel wieder aufbauen, doch nicht so schön, wie der frühere war; er wird stehen, bis die Zeit dieser Welt abgelaufen ist. Dann werden alle aus der Gefangenschaft zurückkehren und Jerusalem in seiner ganzen Pracht wieder aufbauen. In seiner Mitte wird das Haus Gottes errichtet, ein herrlicher Bau, der für alle Zeiten Bestand hat bis in Ewigkeit. Das haben die Propheten über Jerusalem geweissagt. Und alle Völker werden sich dem Herrn, unserem Gott, zuwenden und ihm wahre Ehrfurcht entgegenbringen." (Tob 14,5.).

In diesem Spruch wird ein Thema angeschnitten, das seit 722 v.Chr., als das Nordreich von den Assyrern erobert und die Bevölkerung in verschiedene Länder zwangsübersiedelt wurde, ein immer wiederkehrendes Motiv von Weissagungen der Propheten geworden ist. Nämlich die Wiederkehr der Nachkommen dieser Verschleppten nach Israel.

Die Wiederkehr der zerstreuten Bewohner des Nordreiches, die schon zu dieser Zeit unbekannten Aufenthaltes waren und die wahrscheinlich in ihren neuen Umgebung vollkommen integriert waren, war ein irrealer Wunsch, den nur Gott in der Lage gewesen wäre zu erfüllen, da nur er diese Vertriebenen auffinden konnte. Sowohl diese Bitte an Gott, als auch die Erlösung von den sich immer wieder ergebenden Schicksalsschlägen verlangten nach dem Eingreifen einer höheren Macht. Dieser nur durch Wunder erfüllbare Wunsch führte u.a. zur Apokalyptik. (Griechisch: αποκάλυψις, „Enthüllung", „Offenbarung").

Der apokalyptische Einfluss auf die Religion kann als Gegenströmung zur Tendenz der Rationalisierung aufgefasst werden, wie sie im vorstehenden Kapitel beschriebenen wurde. Die im Orient und im Ägypten sich entwickelnde Mystik hat nach und nach auch die jüdische Religion beeinflusst. Dies hat dann im zweiten und ersten vorchristlichem Jahrhundert zu den apokalyptischen Schriften geführt, unter denen das Buch Henoch einen Höhepunkt darstellt.

Schon in den Schriften des Propheten Amos, vom 8. Jh. v.Chr., die im 4.-5. Jh. v.Chr. redigiert worden sind, wird der „Tag des Herrn" erwähnt. Die Weissagung des Propheten Amos über das zukünftige Geschehen ist folgendermaßen strukturiert: Zuerst wird das Verhalten der Israeliten gegeißelt und eine Umkehr verlangt, dann kommt der Tag Gottes, ein Gerichtstag, begleitet von einem kosmischen Geschehen, den nur die „Guten" überleben, schließlich wird für diese eine paradiesische Zukunft verheißen:

„Hasst das Böse, liebt das Gute, und bringt bei Gericht das Recht zur Geltung! Vielleicht ist der Herr, der Gott der Heere, dem Rest Josefs dann gnädig." (Am 5,15.). „Ja, Finsternis ist der Tag des Herrn, nicht Licht, ohne Helligkeit ist er und dunkel." (Am 5,20.). „Dann wende ich das Geschick meines Volkes Israel. Sie bauen die verwüsteten Städte wieder auf und wohnen darin; sie pflanzen Weinberge und trinken den Wein, sie legen Gärten an und essen die Früchte." (Am 9,14.).

Im NT heißt es dann neben dem Ausdruck „Tag des Herrn" auch „Tag Jesu": „Denn das Zeugnis über Christus wurde bei euch gefestigt, so dass euch keine Gnadengabe fehlt, während ihr auf die Offenbarung Jesu Christi, unseres Herrn, wartet. Er wird euch auch festigen bis ans Ende, so dass ihr schuldlos dasteht am Tag Jesu, unseres Herrn. (1 Kor 1,6ff. ähnlich 1 Kor 1,8; 2 Kor 1,14; sowie „Tag Gottes" in 2Pet 3,12 und Apg 16,14.).

In der Hebräischen Bibel sind gleichartige Sprüche über eine apokalyptische Zukunft, wie oben beim Propheten Amos, auch an anderen Stellen, vor allem bei den Propheten Ezechiel, Jesaja und Joel zu finden.

Dieser „Tag des Herrn" wurde mit dem Gerichtstag Gottes gleichgesetzt, wo die Bösen und vor allem die Ungläubigen bestraft und den Guten ein angenehmes Weiterleben zugesagt wird. Die Notlage, die diesem „Tag des Herrn" vorangeht, wurde dann später als die „Wehen des Messias" bezeichnet. Möglicherweise stammt dieser in dem rabbinischen Schriften zu findenden Ausdruck aus Jes 13,8f: „Sie sind bestürzt; sie werden von Krämpfen und Wehen befallen, wie eine Gebärende winden sie sich. Einer starrt auf den andern, wie Feuer glüht ihr Gesicht. Seht, der Tag des Herrn kommt, voll Grausamkeit, Grimm und glühendem Zorn; dann macht er die Erde zur Wüste, und die Sünder vertilgt er."

Die apokalyptischen Schriften, in streng genommenem Sinn, entstanden nach dem 2. Jh. v.Chr. Sie wurden pseudonym verfasst, indem der eigentliche Autor sein Werk einer bekannten und ehrwürdigen, schon vor Jahrhunderten gelebten biblischen Person zugeschrieben hat.

Henoch, der gemäß der Bibel nicht gestorben ist, sondern von Gott zu sich genommen wurde, war in erster Linie für so eine Zuschreibung eines apokalyptischen Werkes prädestiniert. In Gen 5,24 wird das Ende des Erdenlebens Henochs folgender Maßen beschrieben: „Henoch war seinen Weg mit Gott gegangen, dann war er nicht mehr da; denn Gott hatte ihn aufgenommen."

Charakteristisch für solche Apokalypsen ist eine Himmelfahrt mit Visionen, die dem dafür Erwählten durch einen Deuteengel erklärt werden. Geschehnisse vergangener Zeiten werden als Ereignisse dargestellt, die in der Zukunft stattfinden werden. (vaticinium ex eventu). Meistens wird ein Jüngstes Gericht für die Welt und für die einzelnen Menschen geschildert. Der Adept wird schließlich wieder zur Erde gebracht, mit dem Auftrag seine Einsicht in Gottes Plan geheim zu halten oder nur einem beschränkten Kreis zu verkünden.

Gegensätze zwischen Gott und dem Satan (gut und böse) und solche zwischen diesem Äon und dem kommenden Äon sind gleichfalls eine immer wiederkehrende Aussage apokalyptischer Schriften. (Jes Kap.40 und 43ff.; Hag 2,15 -19; Sach 1,1-6.).

Die Apokalyptik hat auch auf gewisse Stellen im Neuen Testament ihren Einfluss ausgeübt. Deshalb wird auch das neutestamentliche Buch der „Offenbarungen Johannes" zu Recht, als „Apokalypse des Johannes" bezeichnet.

Der geschilderte Aufstieg in den Himmel demonstriert die Entferntheit Gottes von der Welt, eine Lehre die schon Platon, 428/427 v.Chr. in – 348/347 v.Chr. in seinem Werk Timaios schildert.

Diese Weltentferntheit Gottes klingt auch in der hebräischen Bibel an: Sieh, dem Herrn, deinem Gott, gehören der Himmel, der Himmel über den Himmeln,…" (Dtn 10,14.).

Um dennoch nicht ohne überirdischen Schutz den stets drohenden Gefahren ausgesetzt zu sein, suchten die Juden nach Beauftragten Gottes, die von ihm in die Welt entsandt waren und denen sie hoffnungsvoll vertrauen konnten.

7. Die von Gott verliehenen Titel an Wesen, die in seinem Auftrag handeln

7.1 Die Engel

Engel, die in christlichen Schriften zum Machtbereich Gottes gehören, werden auch in den Büchern der Hebräischen Bibel immer wieder erwähnt. Schon relativ früh, man kann das 10. bis 7. vorchristliche Jahrhundert annehmen, wurde der überirdische Bereich Gottes als Vorbild für die auf der Erde herrschenden Strukturen angesehen. So wurde das Heiligtum in der Wüste nach dem Vorbild angefertigt, das Mose am Berg der Offenbarung gesehen hat. (Ex 26,30; Ex 27,8; Num 8,4.). Zu diesem Bild, wonach im Himmel ähnliche Verhältnisse, wie auf der Erde herrschen, gehört auch die Vorstellung, wonach Gott, wie ein König, über einen Hofstaat verfügt.

Im ersten Buch Mose werden an fünfzehn verschiedenen Stellen Engel erwähnt, die Gott mit Vollmacht zur Erde entsendet, um Taten zu vollbringen, die eigentlich Gott vorbehalten sein sollten. Im zweiten Buch Mose wird die Ermächtigung des Engels besonders hervorgehoben: (Ex 23,20f.) „Ich werde einen Engel schicken, der dir vorausgeht. Er soll dich auf dem Weg schützen und dich an den Ort bringen, den ich bestimmt habe. Achte auf ihn, und hör auf seine Stimme! Widersetz dich ihm nicht! Er würde es nicht ertragen, wenn ihr euch auflehnt; denn in ihm ist mein Name gegenwärtig." (Ex 23,20f.).

Im 1. Jh. v.Chr. oder am Beginn des 1. Jh. n.Chr. gibt es Überlegungen, wonach Engel Zwischenwesen verkörpern, die einerseits zum Stab Gottes gehören und andererseits Gerechte sind, die in der kommenden Welt zu Engel werden. So wird im Buch 1 Henoch folgendes über Engel geschrieben: „Durch seine (Gottes) Herrschaft werden die Gerechten zu Engeln, Die Erde wird sich freuen, die Gerechten werden sie bewohnen und die Auserwählten auf ihr gehen und wandeln." (50,5.).[7]

7.2 Der Menschensohn

Das apokalyptische Gedankengut im Neuen Testament wurde dort mit der Person des Menschensohns verbunden, wie z.B. in Mt 24,29: „Sofort nach den Tagen der großen Not wird sich die Sonne verfinstern, und der Mond wird nicht mehr scheinen; die Sterne werden vom Himmel fallen, und die Kräfte des Himmels werden erschüttert werden. Danach wird das Zeichen des Menschensohnes am Himmel erscheinen; dann werden alle Völker der Erde jammern und klagen, und sie werden den **Menschensohn** mit großer Macht und Herrlichkeit auf den Wolken des Himmels kommen sehen. Er wird seine **Engel** unter lautem Posaunenschall aussenden, und sie werden die von ihm Auserwählten aus allen vier Windrichtungen zusammenführen, von einem Ende des Himmels bis zum andern." (Ähnlich Mk 13,24-27.).

Das Wort „Menschensohn" ist in der Hebräischen Bibel zuerst im vierten Buch Mose anzutreffen als „Ben Adam". (Num 23,19.). Des Weiteren in ähnlicher Form in Jes 51,12 und 56,2, sowie im Buch Ezechiel an 94 Stellen. In den Psalmen scheint gleichfalls dieser Ausdruck auf (Ps 8,5; 80,17; 146,3) nur im Ps 144,3 heißt es: Ben-Anosch.

Der Titel „Menschensohn" als ein neuer Begriff für ein überirdisches Wesen, das von Gott mit Vollmacht eingesetzt wurde, begegnet uns zuerst im Buch Daniel. Für die Verfassung des Buches Daniel kann ca. 160 v.Chr. angenommen werden.

Anzunehmen ist, dass die Vision Daniels von der Ezechiels abhängig ist:
„Oberhalb der Platte über ihren Köpfen war etwas, das wie Saphir aussah und einem Thron glich. Auf dem, was einem Thron glich, saß eine Gestalt, die wie ein Mensch aussah." (Ez 1,26).

Der von Ezechiel verwendete Ausdruck „wie ein Mensch" wird bei Daniel zum Titel „Menschensohn": „Ich sah immer noch hin; da wurden Throne aufgestellt, und ein Hochbetagter nahm Platz. Sein Gewand war weiß wie Schnee, sein Haar wie reine Wolle. Immer noch hatte ich die nächtlichen Visionen: Da kam mit den Wolken des Himmels einer wie ein **Menschensohn**. Er gelangte bis zu dem Hochbetagten und wurde vor ihn geführt. Ihm wurden Herrschaft, Würde und Königtum gegeben. Alle Völker, Nationen und Sprachen müssen ihm dienen. Seine Herrschaft ist eine ewige, unvergängliche Herrschaft. Sein Reich geht niemals unter." (Dan 7,9.13f.)

Eine ähnliche Vision wird im Buch 1. Henoch Kap. 46 beschrieben: 1Hen 46,1- 4. sieht den Menschensohn als den Gerechten, einem **Engel** ähnlich, der von Gott eingesetzt wurde, um Mächtige und Sünder, die nicht an Gott glauben, niederzuschlagen:

„Da sah ich das Haupt der Tage, dessen Haupt weiß wie Wolle war, und mit ihm einen anderen, dessen Antlitz dem des Menschen glich. Sein Antlitz war voll Anmut, gleich einem der heiligen **Engel**. Als dann fragte ich einen der **Engel**, welcher mit mir ging, und welcher mir jedes Geheimnis zeigte in Betreff dieses **Menschensohnes**: wer er sei, woher er sei, und warum er das Haupt der

Tage begleite. Er antwortete und sagte zu mir: Dies ist der **Menschensohn**, dem Gerechtigkeit ist, bei welchem Gerechtigkeit gewohnt hat, und welcher offenbaren wird alle Schätze dessen, was verborgen ist; denn der Herr der Geister (Ausdruck im 1 Hen für Gott) hat ihn erkoren, und sein Teil hat alles übertroffen vor dem Herrn der Geister in ewiger Rechtschaffenheit. Dieser **Menschensohn**, welchen du siehst, wird erregen die Könige und die Mächtigen von ihren Lagern, und die Gewaltigen von ihren Thronen, wird lösen die Zäume der **Mächtigen** und in Stücke brechen die Zähne der **Sünder**. Er wird stoßen die Könige von ihren Thronen und ihren Herrschaften, weil sie ihn nicht erheben und preisen wollen, noch sich beugen (vor dem), durch welchen ihre Königreiche ihnen verliehen wurden. Auch das Antlitz der Mächtigen wird er niederschlagen und sie mit Verwirrung erfüllen. Finsternis wird ihre Wohnung sein, und Würmer werden ihr Bett sein, und nicht sollen sie von ihrem Bette wieder aufzustehen hoffen, weil sie nicht erhoben den Namen des Herrn der Geister." (1- 4.).

Hier ist ein Zitat angeführt, gleichbedeutende sind an anderen Stellen erwähnt, das dazu führte im kommenden Messias einen Befreier zu sehen, der mit Gewalt seine Herrschaft durchsetzten wird. Diese Auffassung über den Messias spielt dann im Prozess Jesu und seiner Auslieferung an Pilatus eine entscheidende Rolle.

Die Zurückführung der exilierten Stämme und die Wiederherstellung der Selbständigkeit Israels wird, im Gegensatz zu den späteren apokalyptischen Schriften, bzw. zu den früheren prophetischen Verkündigungen, nicht mehr erwähnt, da Israel schon von 164 v.Chr. – bis 5o v.Chr. unter der Herrschaft der jüdischen Hasmonäer stand.

Ein weiteres Kapitel aus dem ersten Buch Henoch, wohl aus dem Ende des 1. Jhs n.Chr. oder noch etwas später (siehe Endnote 7), ist deshalb von besonderer Bedeutung, weil hier der Menschensohn mit dem in anderen Schriften von Qumran genannten Messias gleichgesetzt wird. Insbesondere gehören zu den Eigenschaften des Messias die Präexistenz und die Gottähnlichkeit:

„Als die Himmel gebildet waren, wurde sein Name angerufen in der Gegenwart des Herrn der Geister. Eine Stütze wird er sein den Gerechten und den Heiligen, auf welche sie sich lehnen, ohne zu fallen, und er wird sein das Licht der Völker. Er wird sein die Hoffnung derer, deren Herzen in Unruhe sind. Alle, welche wohnen auf Erden, werden niederfallen und anbeten vor ihm; werden rühmen und verherrlichen ihn, und Loblieder singen dem Namen des Herrn der Geister. Deshalb war der Auserwählte und der Verborgene in seiner Gegenwart, ehe die Welt geschaffen wurde und immer dar. In seiner Gegenwart wurde den Heiligen und den Gerechten die Weisheit des Herrn der Geister enthüllt." (1 Hen Kap. 48 a 3-6.).

Im Vers 4 desselben Kapitels ist es nicht eindeutig ausgesprochen, aber aus der gewählten Formulierung wäre zu vermuten, dass dieser Menschensohn mit „Niederfallen vor ihm" (Proskynese) verehrt wurde und seine Verherrlichung einem zweiten Gott gleichkommt, allerdings abgeschwächt vom Nachsatz: „und Loblieder singen dem Namen des Herrn der Geister."

Im Absatz 6. wird auf die Weisheit Gottes hingewiesen. Darin könnte ein Bestreben zu erkennen sein, die noch zu schildernde Weisheitslehre mit dem Menschensohn bzw. Messias Lehre in Zusammenhang zu bringen.

Die vorhin erwähnte Proskynese wird im außerkanonischen jüdischen Buch Jesus Sirach beschrieben: „Dann stieg er (der Hohe Priester Simon der II. 219-199 v.Chr.) herab und erhob seine Hände über die ganze Gemeinde Israels. Der Segen des Herrn war auf seinen Lippen, den Namen des Herrn nennen zu dürfen war sein Ruhm. Sie aber fielen zum zweiten Mal nieder, um den Segen von ihm zu empfangen." (Sir 50,20f.).

Dem Menschensohn wird auch das letzte Gericht übertragen:
„Danach wird der Menschensohn über alle Gericht halten und die Sünder untergehen lassen." (1 Henoch 68,39.).

Es könnte aus den folgenden Sätzen auf die Abstammung des Menschensohns von David gefolgert werden, da ähnliche Weissagungen, wie über den Messias, auch über David und seine Nachkommen geschrieben wurden:
„Er wird ewig herrschen auf der Erde" (51,4) „Der Menschensohn ist der Auserwählte, der auf dem Thron sitzt." (45,3; 50,3) „als Vertreter Gottes" (55,4.). (Siehe das folgende Kapitel.).

Das nächste Textbeispiel zeigt dass die Weisheitslehre, sogar in den Apokryphen weiterhin ihren Einfluss auf die mit dem „Menschensohn" verbundene Zukunftserwartung ausgeübt hat:
„Und an jenen Tagen wird der Auserwählte sitzen auf seinem Throne, während jegliches Geheimnis der verständigen Weisheit hervorgehen wird aus seinem Munde; denn der Herr der Geister hat ihn begabt und verherrlicht." (50,3.). (Die Wörter „Auserwählte" und „Menschensohn" werden im 1 Henoch, synonym verwendet, da 1 Henoch aus verschiedenen Quellen zusammengestellt wurde.).

7.3 Der Messias als König und als Nachkomme Davids

Ein weiterer Titel, der zuerst auf Gott bezogen und später auf den Messias übertragen wurde, ist „König":
„Der Herr ist König für immer und ewig." (Ex15,18.).

„ …ein König soll über uns herrschen, obwohl doch der Herr, euer Gott, euer König ist." (1 Sam 12,12b.).

Die nachstehenden Zitate, sowie das Vorstehende, gehören zur Polemik, die bei Einführung des Königtums in Israel aufgekommen ist. Manche sahen anscheinend in einer monarchistischen Staatsform eine Herabsetzung des Gottes der Israeliten. Die Betonung, dass Israel weiterhin einen Gott verehrte, der selber König war, obwohl es erwartet hatte, wieder von einem weltlichen König regiert zu werden, tritt in den folgenden Zitaten zu Tage:

„Wie willkommen sind auf den Bergen die Schritte des Freudenboten, der Frieden ankündigt, der eine frohe Botschaft bringt und Rettung verheißt, der zu Zion sagt: Dein Gott ist König." (Jes 52,7b.).

„Und der Herr wird herrschen als König." (Ob 1,21b.).

„Der König Israels, der Herr, ist in deiner Mitte; du hast kein Unheil mehr zu fürchten." (Zeph 3,15b.).

Der folgende Spruch aus den Psalmen, der gleichfalls das ewige Bestehen des Königtums vorhersagt, betont außerdem, dass dieser König eine gottähnliche, gerechte Herrschaft ausüben wird, wobei der Titel „Göttlicher" im hebräischen Original als Elohim bezeichnet wird. Wie noch im Weiteren ausgeführt werden wird, handelt sich bei diesem Titel um eine ehrenhafte Lobpreisung, ohne dass damit eine Gottgleichheit ausgedrückt werden soll:

„Dein Thron, du Göttlicher, steht für immer und ewig; das Zepter deiner Herrschaft ist ein gerechtes Zepter. Du liebst das Recht und hasst das Unrecht, darum hat Gott, dein Gott, dich gesalbt mit dem Öl der Freude wie keinen deiner Gefährten." (Ps 45,7.).

Sowohl die vorstehenden Zitate als auch insbesondere das nachstehende Zitat aus dem Prophetenbuch Sacharja hat für die Interpretation des Selbstverständnisses Jesu als Messias und König, die noch eingehend erörtert werden wird, eine wesentliche Bedeutung:

„Juble laut, Tochter Zion! Jauchze, Tochter Jerusalem! Siehe, dein König kommt zu dir. Er ist gerecht und hilft; er ist **demütig** und reitet auf einem Esel, auf einem Fohlen, dem Jungen einer Eselin. (Sach 9,9.).

Hier ist der Ursprung des nachstehenden Zitates aus dem Neuen Testament zu sehen:

„Jesus fand einen jungen Esel und setzte sich darauf – wie es in der Schrift heißt: Fürchte dich nicht, Tochter Zion! Siehe, dein König kommt; er sitzt auf dem Fohlen einer Eselin. Das alles verstanden seine Jünger zunächst nicht; als Jesus aber verherrlicht war, da wurde ihnen bewusst, dass es so über ihn in der Schrift stand und dass man so an ihm gehandelt hatte." (Jo12,14-16) Ähnlich: Mat 21,2-7.

In den Qumran Schriften wird dem zukünftigen König auch die Befreiung Israels, wahrscheinlich von der römischen Oberherrschaft, vorausgesagt: „Von Gott zum Zepter erwählt, der mit Gewalt und mit dem Hauch seiner Lippen Israels Feinde vernichtet." (1QSb = 1Q28b, Col 5,24.).

Auch der Spruch im 1. Buch Mose wurde für die ewige Herrschaft der Davididen gedeutet: „Nie weicht von Juda das Zepter, der Herrscherstab von seinen Füßen, bis der kommt, dem er gehört, dem der Gehorsam der Völker gebührt." (Gen 49,10.).

Eine lange und bedeutende Nachwirkung hatte die Zusage Gottes an David, wonach seine Nachkommen ewig über Israel herrschen werden. Auch aus dieser Stelle ist zu entnehmen, dass sich die Gottessohnschaft anfänglich auf den König bezogen hat: „Wenn deine Tage erfüllt sind und du dich zu deinen Vätern legst, werde ich deinen leiblichen Sohn als deinen Nachfolger einsetzen. ... ich werde seinem Königsthron ewigen Bestand verleihen. Ich will für ihn Vater sein, und er wird für mich Sohn sein. Dein Haus und dein Königtum sollen durch mich auf ewig bestehen bleiben; dein Thron soll auf ewig Bestand haben.' Natan sprach zu David genauso, wie es (ihm) gesagt und offenbart worden war." (2 Sam 7,12ff.16f.).

Eine Parallele zu den Prophezeiungen über die Nachkommen Davids ist im folgenden Zitat aus 1 Henoch ersichtlich: „Der Auserwählte steht vor dem Herrn der Geister, und sein Ruhm ist für immer und ewig, und seine Macht von Generation zu Generation". (1 Henoch 48a,2b).

Es ist dann in der Lehre über den Messias sowohl seine Beauftragung durch Gott als auch seine Abstammung von Davids Stamm Juda zusammengeführt worden.

Deshalb ist für die Messianität Jesu die Aufzählung seiner Ahnen und darunter König David in Mat 1,6 von wesentlicher Bedeutung: „Stammbaum Jesu Christi, des Sohnes Davids, des Sohnes Abrahams: Abraham war der Vater von Isaak, Isaak von Jakob, Jakob von Juda und seinen Brüdern. **Juda** war der Vater von Perez und Serach; ihre Mutter war Tamar. ... Salmon war der Vater von Boas; dessen Mutter war Rahab. Boas war der Vater von Obed; dessen Mutter war Rut. Obed war der Vater von Isai, **Isai der Vater des Königs David. David war der Vater von Salomo**, dessen Mutter die Frau des Urija war. Salomo war der Vater von Rehabeam, ... Jakob war der **Vater von Josef, dem Mann Marias; von ihr wurde Jesus geboren, der der Christus (der Messias) genannt wird."**

(Mat1,1-16). Ähnlich Lk 3,23-38 and Apg 13,22.

Die Rückführung der Ahnen Jesu geht über seinen Vater Josef. Dies kann aber nicht allein als Argument gegen die Jungfrauengeburt Jesu gedeutet werden, weil im römischen Recht die patriarchalische Auffassung festgeschrieben ist. Auf welche Weise das Kind in eine Familie aufgenommen wurde ist dabei sekundär, es gehört zur Sippe des Vaters.

In mehreren Prophetensprüchen wurde nämlich ein Nachkomme Davids als Retter Israels und später als Messias vorausgesagt:

„Doch aus dem Baumstumpf Isais (Davids Vater) wächst ein Reis hervor, ein junger Trieb aus seinen Wurzeln bringt Frucht. Der Geist des Herrn lässt sich nieder auf ihm: der Geist der Weisheit und der Einsicht, der Geist des Rates und der Stärke, der Geist der Erkenntnis und der Gottesfurcht.[8] Er richtet nicht nach dem Augenschein, und nicht nur nach dem Hörensagen entscheidet er, sondern er richtet die Hilflosen gerecht und entscheidet für die Armen des Landes, wie es recht ist. Er schlägt den Gewalttätigen mit dem Stock seines Wortes und tötet den Schuldigen mit dem Hauch seines Mundes. ...Dann wohnt der Wolf beim Lamm, der Panther liegt beim Böcklein. Kalb und Löwe weiden zusammen, ein kleiner Knabe kann sie hüten." (Jes 11,1- 4.), wobei der letzte Satz eine spätere Einfügung sein könnte.

Diese Weissagung des Propheten Jesajas wird auf die 2.Hälfte des 8. Jh. v.Chr. datiert. Jesse ist der Vater des König David gewesen. Es scheint damit eine Erweiterung der in Frage kommenden Nachfolger auf Davids Thron beabsichtigt gewesen zu sein, da David nach dem 1. Buch Samuel sieben, nach dem 1. Buch der Chronik sechs Brüder hatte:

„Denn wie am Tag von Midian zerbrichst du das drückende **Joch**, das Tragholz auf unserer Schulter und den Stock des Treibers. Jeder Stiefel, der dröhnend daher stampft, jeder Mantel, der mit Blut befleckt ist, wird verbrannt, wird ein Fraß des Feuers. Denn uns ist ein Kind geboren, ein Sohn ist uns geschenkt. Die Herrschaft liegt auf seiner Schulter; man nennt ihn: Wunderbarer Ratgeber, Starker Gott, Vater in Ewigkeit, Fürst des Friedens. Seine Herrschaft ist groß, und der Friede hat kein Ende. Auf dem Thron Davids herrscht er über sein Reich; er festigt und stützt es durch Recht und Gerechtigkeit, jetzt und für alle Zeiten. Der leidenschaftliche Eifer des Herrn der Heere wird das vollbringen." (Jes 9, 3 – 6.).

Aus dieser Stelle kann entnommen werden, dass die kriegerischen Vorbereitungen für das Reich Israels durch Gott erfolgen und der zu erwartende Herrscher nur für Frieden und Gerechtigkeit Sorge zu tragen haben wird.

Auch aus dem Spruch des Propheten Ezechiel ist an eine friedliche Herrschaft des kommenden David zu denken:

„Ich selbst, der Herr, werde ihr Gott sein, und mein Knecht David wird in ihrer Mitte der Fürst sein." (Ez 34,24.).

Diese Ansicht geht auch aus dem Spruch des Propheten Jeremia hervor:
„Seht, es kommen Tage – Spruch des Herrn – da werde ich für David einen gerechten Spross erwecken. Er wird als König herrschen und weise handeln, für Recht und Gerechtigkeit wird er sorgen im Land." (Jer 23,5.).

Von diesem zukünftigen Spross spricht auch der Prophet Sacharja: „Denn siehe, ich will meinen Knecht kommen lassen, den Sproß." (Sach 3,8b.).

Eine für die Entstehung der Lehre über den künftigen Messias maßgebende Rolle ist, wie schon oben geschildert, nicht nur aus dem apokryphen Buch 1 Henoch zu entnehmen sondern auch aus der Bibel und zwar aus der Weissagung des Propheten Micha:

„Aber du, Betlehem-Efrata, so klein unter den Gauen Judas, aus dir wird mir einer hervorgehen, der über Israel herrschen soll. Sein Ursprung liegt in ferner Vorzeit, in längst vergangenen Tagen." (Mi 5,1.).

An dieser Stelle wird die Ansicht wiedergegeben, dass der zukünftige Herrscher überirdischen Ursprungs ist, da dieser schon in der Vorzeit auf die Welt gekommen ist. Diese präexistentielle Herkunft wurde dann auf den Messias übertragen und ist einer der Gründe wieso Jesus die Gottesgleichheit zuerkannt wurde..

In Jes 9,5b. wird der kommende Herrscher mit einer Reihe von ehrenvollen Namen bezeichnet, wobei auch der Titel Gott nicht fehlt: „man nennt ihn: Wunderbarer Ratgeber, Starker Gott, Vater in Ewigkeit, Fürst des Friedens."

Mit dem Ehrentitel Gott (Hebr.: el oder elohim, aber nie JHWH) wird an manchen Stellen der Thora das Volk der Hebräer oder ein außergewöhnlicher Mensch, insbesondere Mose, bedacht, wie dies die folgenden Zitate zeigen:

„Wohl habe ich gesagt: **Ihr seid Götter**, ihr alle seid Söhne des Höchsten." (Ps 82,6.).

Sowie:

„Der Herr sprach zu Mose: Hiermit mache ich dich für den Pharao zum Gott; dein Bruder Aaron soll dein Prophet sein." (Ex 7,1.). Diese Hervorhebung Mose ist auch im zweiten Jh. v.Chr. bei Jesus Sirach vorhanden:

„Geliebt von Gott und den Menschen: Mose, sein Andenken sei zum Segen. Er nannte ihn einen Gott und stärkte ihn zu furchterregenden Taten." (Sir 45,1f.).

Der Titel Messias für einen von Gott für die Rettung Israels und der Menschheit bestimmten Erlöser ist erst in Schriften zu finden, die nach dem zweiten Jh. v.Chr. verfasst wurden. Bis dahin entwickelten sich noch zwei spirituelle Tendenzen, die zusätzlich zur Ausformung des Begriffes „Messias" beigetragen haben.

Es sind diese die Weisheitslehre und der Begriff „Logos", die später behandelt werden.

7.4 Der Sohn Gottes

Ein weiteres Wesen, das als Retter Israels vorausgesagt wird, erhält den Titel „Sohn Gottes".

In 2Sa 7,14 offenbart Gott dem König David über seinen Sohn und Nachfolger Salomon: „Ich will für ihn Vater sein, und er wird für mich Sohn sein." Dieses Vater-Sohn Verhältnis zwischen Gott und dem König zeigen auch die „Königpsalmen": „Den Beschluss des Herrn will ich kundtun. Er sprach zu mir: ‚Mein Sohn bist du. Heute habe ich dich gezeugt.'" (Ps 2,7; Ähnlich: Ps 28,9.).

Vielfach kommt dieser Titel „Sohn Gottes" dem Volk der Israeliten zu: „Als Israel jung war, gewann ich ihn lieb, ich rief meinen **Sohn** aus Ägypten." (Hos 11,1.).

Ebenfalls in den Psalmen Salomos, die vermutlich aus dem 1. Jh. v.Chr. stammen, werden die Israeliten als Gottessöhne bezeichnet: „Er lässt nicht zu, dass ferner Unrecht in ihrer Mitte weile, und niemand darf bei ihnen wohnen, der um Böses weiß; denn er kennt sie, dass sie alle Söhne ihres Gottes sind." (PsS 17,27.).

Den Beweis, dass der Titel „Sohn Gottes" ein messsianischer Titel ist, findet man in den Qumran Schriften: Es wird dort der Messias Titel mit den Titeln „Sohn Gottes" und „Sohn des Höchsten" gemeinsam angeführt. (4Q 246, col 2, 1-7.).

8. Die Weisheitslehre und der Begriff „Logos"

Die Anfänge der jüdischen Weisheitslehre liegen in der frühen Königszeit und wurden durch orientalische und ägyptische Weisheitslehren beeinflusst. Diese Lehre erhielt dann im Hellenismus eine gewichtige Bereicherung. Es ist anzunehmen, dass schon im 5. Jh. v.Chr. oder etwas später, die Lehren der griechischen Philosophen den führenden israelitischen religiösen Persönlichkeiten zur Kenntnis gelangt sind.

Das griechische Wort „Philosophie" bedeutet „Liebe zur Weisheit" und könnte unter anderem ein Grund für die Hochschätzung der Weisheit gewesen sein. Das Verb „philosophieren" taucht das erste Mal beim griechischen Historiker Herodot (484-425 v. Chr.) auf. (Historien I,30,2). Der Platoniker Herakleides Pontikos (um 390 v.Chr. bis nach 322 v. Chr.) überlieferte eine Erzählung, wonach Pythagoras gesagt haben soll, nur ein Gott besitze wahre sophía, der Mensch könne nur nach ihr streben. Hier ist mit sophia bereits ein metaphysisches Wissen gemeint. Die Glaubwürdigkeit dieses – nur indirekt und fragmentarisch überlieferten Berichts des Herakleides, ist in der Forschung umstritten. Erst bei Platon, 428/427 v.Chr. – 348/347 v. Chr., tauchen die Begriffe „Philosoph" und „philosophieren" eindeutig in diesem von Herakleides gemeinten Sinne auf, insbesondere in Platons Dialog Phaidros (278d), wo festgestellt wird, dass das Streben nach Weisheit (das Philosophieren) für jeden Mensch möglich ist, wobei aber der Besitz der Weisheit ausschließlich nur Gott zukomme.

Diese griechischen Lehren wurden dem jüdischen Glauben angepasst, und in dieser Form hat die „Weisheit" eine weitgehende Bedeutung im jüdischen Denken eingenommen. Die traditionelle Auffassung Israels über die Weisheit beruhte auf der Grundannahme, dass die Welt sinnvoll geordnet ist und von JHWH regiert wird, wobei der Mensch in der Lage ist diese Ordnung zu erkennen. Daher ist die Weisheit eine Eigenschaft Gottes, die er auch den Menschen zukommen lässt. Im Gegensatz zu den Engeln, dem Messias, dem Menschensohn sowie dem Logos ist die Weisheit aber kein von sich aus tätiger Beauftragter Gottes.

Paulus gibt diese Ansicht am treffendsten wieder: „Seit Erschaffung der Welt wird seine (Gottes) unsichtbare Wirklichkeit an den Werken der Schöpfung mit der Vernunft wahrgenommen, seine ewige Macht und Gottheit." (Röm 1,20.).

In diesem Sinne schreibt auch Justin der Märtyrer († um 165):

„Christus als der Logos, an dem das ganze Menschengeschlecht Anteil erhalten hat, ist Gottes Erstgeborener. Die, welche mit Vernunft lebten, sind eigentlich Christen, wenn sie auch für gottlos gehalten wurden, wie bei den Griechen Sokrates, Heraklit und andere." (Erste Apologie 46.).

In den frühen Büchern der Hebräischen Bibel wird die Weisheit von Gott den Menschen verliehen. Z.B. „Rede mit allen Sachverständigen, die ich mit dem Geist der Weisheit erfüllt habe". (Ex 28,3.) oder „Mose berief also Bezalel, Oholiab und alle kunstverständigen Männer, denen der Herr Weisheit in ihr Herz gegeben hatte." (Ex 31,2f.). In der Zeit der Abfassung bzw. Redaktion der deuteronomistischen Bücher, vermutlich im 6. Jahrhundert v.Chr. wurde die Weisheit als eine Eigenschaft oder als eine Lehre angesehen.

Dies zeigt der folgende Satz, der besagt, dass die Weisheit nicht nur von Gott allein, sondern auch von einem Weisen einem anderen Menschen vermittelt werden konnte: „Josua, der Sohn Nuns, war vom Geist der Weisheit erfüllt, denn Mose hatte ihm die Hände aufgelegt." (Dtn 34,9). Dieser Satz diente ebenfalls dazu, um Mose Gott ähnliche Eigenschaften zu verleihen. Ein gewisser Widerspruch ist hier mit Num 27,18 erkennbar: „Der Herr antwortete Mose: ‚Nimm Josua, den Sohn Nuns, einen Mann, der mit Geist begabt ist, und leg ihm deine Hand auf!'" In diesem Vers scheint Josua als jemand auf, der schon „mit Geist begabt" war, bevor Mose ihm seine Hände aufgelegt hatte.

Um solche Wiedersprüche zu beseitigen, die in der Hebräischen Bibel immer wieder anzutreffen sind, haben die Gelehrten des Talmuds einen Spruch für die Exegese geprägt: „Es gibt kein früher oder später in der Thora." (bPes 6b; ySchek VI,1. etc.).

Aus dem ersten Königsbuch und aus dem ersten Buch der Chroniken ist ersichtlich, dass die am meisten hervorragende Eigenschaft Salomos die von Gott gegebene Weisheit war. (Z.B.: 1 Kön 3,28.).

Auch der Prophet Jesaja stellt die Weisheit und die Erkenntnis, sowie die Gottesfurcht auf die gleiche Stufe, aber die Einsicht in Gottes Gerechtigkeit hält er für die wichtigste menschliche Tugend:
„Der Herr ist erhaben, er wohnt in der Höhe; er wird Zion mit Recht und Gerechtigkeit erfüllen. Es (Zion=das Volk) wird sichere Zeiten erleben. Weisheit und Erkenntnis sind der Reichtum, der es rettet; sein Schatz ist die Furcht vor dem Herrn." (Jes 33,5f.).

Der Prophet Jeremia, der in der Zeit der ersten Hälfte des 6. Jhs. lebte, hat, so wie der oben zitierte Jesaja, die dem Menschen verliehene Weisheit nicht in den Vordergrund gestellt: „So spricht der Herr: Der Weise rühme sich nicht seiner Weisheit, der Starke rühme sich nicht seiner Stärke, der Reiche rühme sich nicht seines Reichtums. Nein, wer sich rühmen will, rühme sich dessen, dass er Einsicht hat und mich erkennt, dass er weiß: Ich, der Herr, bin es, der auf der Erde Gnade, Recht und Gerechtigkeit schafft." (Jer 9,22f.).

Wie dies aus dem vorstehenden Zitat entnommen werden kann, hat der Prophet Jeremia zwar die Weisheit der Menschen relativiert und sie von Gott abhängig gemacht, aber die Weisheit Gottes für eine seiner wichtigsten Eigenschaften gehalten: „Er hat die Erde erschaffen durch seine Kraft, den Erdkreis gegründet durch seine Weisheit, durch seine Einsicht den Himmel ausgespannt." (Jer 51,15.).

Eine neue Auffassung über die Weisheit vermittelt der Prophet Ezechiel, indem er im Kapitel 28 seines Buches, vielleicht durch die im Judentum aufgekommene Tendenz zur Rationalität, die Weisheit als eine dem Menschen von Natur aus zugekommene Eigenschaft verstanden hat, die aber nicht mit der Weisheit Gottes verglichen werden kann:

"Gewiß, du (der Fürst von Tyrus) bist weiser als Daniel. Kein Geheimnis war dir zu dunkel. Durch deine Weisheit und Einsicht schufst du dir Reichtum. Mit Gold und Silber fülltest du deine Kammern. Durch deine gewaltige Weisheit, durch deinen Handel hast du deinen Reichtum vermehrt. Doch dein Herz wurde stolz wegen all deines Reichtums. Darum – so spricht Gott, der Herr: Weil du im Herzen geglaubt hast, dass du wie Gott bist, darum schicke ich Fremde gegen dich, tyrannische Völker." (Ez 28,3-7a).

Die Weisheitslehre als solche kommt in den biblischen Büchern zum Ausdruck, die nach dem 5. Jh. v.Chr. verfasst wurden. Eine Ausnahme bildet die Sammlung von Sprüchen Salomos, in der auch Sprüche älteren Datums aufscheinen, wobei die in diesem Buch vorhandenen Weisheitssprüche wahrscheinlich gleichfalls nach dem 5. Jh. v.Chr. verfasst wurden. Zu den Weisheitsbüchern zählen Hiob, Kohelet, sowie die außerkanonischen Bücher Jesus Sirach und Weisheit.

Die meisten Sprüche erklären, welche Bedeutung im menschlichen Leben der Weisheit zukommt. Z. B.:

„Seht, die Furcht vor dem Herrn, das ist Weisheit, das Meiden des Bösen ist Einsicht." (Hiob 28,28.).

„Der Weise höre und vermehre sein Wissen, der Verständige lerne kluge Führung,… Gottes furcht ist Anfang der Erkenntnis, nur Toren verachten Weisheit und Zucht." (Spr. 1,5. 7.).

„Durch mich (die Weisheit) regieren die Könige und entscheiden die Machthaber, wie es Recht ist; durch mich versehen die Herrscher ihr Amt, die Vornehmen und alle Verwalter des Rechts." (Spr. 8,15f.).

Ebenfalls zwei Beispiele aus Jesus Sirach: „Wer den Herrn fürchtet, handelt so, und wer am Gesetz festhält, erlangt die Weisheit." (Sir 15,1.).

Im folgenden Spruch wird die Weisheit mit der Thora gleichgesetzt:

„Wer auf mich (Weisheit) hört, wird nicht zuschanden, wer mir dient, fällt nicht in Sünde. Dies alles ist das Bundesbuch des höchsten Gottes, das Gesetz, das Mose uns vorschrieb als Erbe für die Gemeinde Jakobs." (Sir 24,22f.).

Im Buch 1 Henoch scheint der nachstehende zweite Satz ein Einschub zu sein, in dem auf die Zeit nach der Zerstörung des Tempels in Jerusalem hingewiesen wird:

„Die Weisheit fand keinen Platz, wo sie wohnen konnte; ihre Wohnung ist deshalb im Himmel. Die Weisheit trat hervor, um zu wohnen unter den Söhnen der Menschen, doch sie erhielt keine Wohnung. Die Weisheit kehrte zurück an ihren Platz und setzte sich in die Mitte der Engel." (Kap.42,1f.).

Abschließend soll noch ein Satz über die Weisheit zitiert werden, der am eindringlichsten und mit feinfühliger Poesie die Verbindung zwischen Gott und der Weisheit schildert:

„Sie (die Weisheit) ist ein Hauch der Kraft Gottes und reiner Ausfluss der Herrlichkeit des Allherrschers; darum fällt kein Schatten auf sie. Sie ist der Widerschein des ewigen Lichts, der ungetrübte Spiegel von Gottes Kraft, das Bild seiner Vollkommenheit. (Weish 7,25f.).

Zu einer unterschiedlichen Auffassung kommen Wissenschaftler über die Natur der Weisheit, wie diese in den Weisheitsbüchern aufzufassen sei. So wird die Weisheit an einigen Stellen personifiziert und ihr ein Ursprung noch vor der Schöpfung der Welt zuerkannt. Es handelt sich dabei um die Ausführungen im Buch der Sprüche 8,22-31:

„Der Herr hat mich geschaffen im Anfang seiner Wege, in frühester Zeit wurde ich gebildet, am Anfang, beim Ursprung der Erde. Als die Urmeere noch nicht waren, wurde ich geboren, als es die Quellen noch nicht gab, die wasserreichen. Ehe die Berge eingesenkt wurden, vor den Hügeln wurde ich geboren. Noch hatte er die Erde nicht gemacht und die Fluren und alle Schollen des Festlands. Als er den Himmel baute, war ich dabei, als er den Erdkreis abmaß über den Wassern, als er droben die Wolken befestigte und Quellen strömen ließ aus dem Urmeer, als er dem Meer seine Satzung gab und die Wasser nicht seinen Befehl übertreten durften, als er die Fundamente der Erde abmaß, da war ich als geliebtes Kind bei ihm. Ich war seine Freude Tag für Tag und spielte vor ihm allezeit. Ich spielte auf seinem Erdenrund, und meine Freude war es, bei den Menschen zu sein." (Spr 8,22-31.).

Ähnlich sind die Ausführungen in Sir 1,1.4f.8. „Alle Weisheit stammt vom Herrn, und ewig ist sie bei ihm. Früher als sie alle ist die Weisheit erschaffen, von Ewigkeit her die verständige Einsicht. **Die Quelle der Weisheit ist das Wort Gottes** (siehe „logos") in der Höhe; ihre Wege sind die ewigen Gebote. Nur einer ist weise, höchst ehrfurchtgebietend: der auf seinem Thron sitzt, der Herr." (Sir 1,1.4f.8).

Es wird hier die Weisheit als eine himmlische Person angesehen, die wie Engel, neben Gott ihren himmlischen Platz hat. Dies bedeutet aber nicht, dass damit die Weisheit als ein zweiter Gott oder als eine Hypostase Gottes betrachtet wird. Dennoch wird die Weisheit als erste Schöpfung Gottes von manchen als eine Hypostase Gottes aufgefasst. Dagegen spricht, dass die Weisheit lediglich als Instrument Gottes vor allem die guten Eigenschaften der Menschen bewirken soll, und nicht wie ein Gott die Natur oder das Schicksal der Menschen beziehungsweise eines Volkes ändert, wie dies folgender Spruch schildert: „Ich, die Weisheit, verweile bei der Klugheit, ich entdecke Erkenntnis und guten Rat. Gottesfurcht verlangt, Böses zu hassen. Hochmut und Hoffart, schlechte Taten und einen verlogenen Mund hasse ich. Bei mir ist Rat und Hilfe; ich bin die Einsicht, bei mir ist Macht. Durch mich regieren die Könige und entscheiden die Machthaber, wie es Recht ist; durch mich versehen die Herrscher ihr Amt, die Vornehmen und alle Verwalter des Rechts." (Spr 8,12-16.).

Die vorhin erwähnten Sprüche 8,22-27.30f sind als eine Hymne zum Lob der Weisheit aufzufassen und unterstreichen, dass die Schöpfung der Welt die Weisheit Gottes widerspiegelt. Dies kann aus dem folgenden Satz entnommen werden: „Eingeweiht in das Wissen Gottes, bestimmte sie seine Werke." (Weish 8,4.).

Im Vergleich mit anderen von Gott vor der Schöpfung geschaffenen Wesenheiten greift die Weisheit nicht in das Weltgeschehen ein. Es wäre auch eine Bitte an Gott, die Weisheit einem Menschen zu verleihen, bei einer angenommenen Hypostase Gottes nicht möglich. Im Buch der Weisheit scheint eine solche Bitte auf: "Gib mir die Weisheit, die an deiner Seite thront, und verstoße mich nicht aus der Schar deiner Kinder!" (Weish 9,4.). Ebenfalls: „Wäre einer auch vollkommen unter den Menschen, er wird kein Ansehen genießen wenn ihm deine Weisheit fehlt. Du bist es, der mich zum König deines Volkes und zum Richter deiner Söhne und Töchter erwählt hat. Du hast befohlen, einen Tempel auf deinem heiligen Berg zu bauen und einen Altar in der Stadt deiner Wohnung, ein Abbild des heiligen Zeltes, das du von Anfang an entworfen hast. Mit dir ist die Weisheit, die deine Werke kennt und die zugegen war, als du die Welt erschufst. Sie weiß, was dir gefällt und was recht ist nach deinen Geboten. Sende sie vom heiligen Himmel und schick sie vom Thron deiner Herrlichkeit, damit sie bei mir sei und alle Mühe mit mir teile und damit ich erkenne, was dir gefällt. Denn sie weiß und versteht alles; sie wird mich in meinem Tun besonnen leiten und mich in ihrem Lichtglanz schützen." (Weish 9,6-11.).

Philo widerspricht solchen Lehren, die die personifizierte Weisheit in irgendeiner Weise als eine Hypostase Gottes ansehen. Deshalb schreibt er: „Die Weisheit ist Gott selber." Dennoch beschreibt er in seinem Werk „Über Flucht und Erfindung", Fug. 50ff, die Weisheit, vermutlich im allegorischen oder sogar im ironischen Sinn: „Die Weisheit ist die Tochter und zugleich der Sohn Gottes".

Wichtig sind die folgenden Sätze im Buch der Weisheit und in Jesus Sirach, weil durch diese offensichtlich wird, dass so wie bei Philo die Weisheitslehre in die Logoslehre integriert wurde: „Gott der Väter und Herr des Erbarmens, du hast das All durch dein Wort (logos) gemacht. Den Menschen hast du durch deine Weisheit erschaffen, damit er über deine Geschöpfe herrscht." (Weish 9,1f.) sowie der Satz in Jesus Sirach 1,5: „ Die Quelle der Weisheit ist das Wort Gottes in der Höhe; ihre Wege sind die ewigen Gebote. Die Kenntnis der Weisheit, wem wurde sie offenbart? Ihre mannigfachen Wege, wer hat sie erkannt? Die Wurzel der Weisheit – wem wurde sie enthüllt, ihre Pläne – wer hat sie durchschaut?" (Sir 1,5f.).

Diese Sätze führen zum nächsten zu besprechenden Begriff, nämlich zum Logos, der Gottes Wort entspricht.

Um 300 v.Chr lehrte Zenon von Kition den Stoizismus, indem er die These erarbeitete, wonach durch die Vernunft das Prinzip der Einheit aller Weltphänomene zu erkennen ist. Dieses Prinzip, das er Logos nannte, sei ein ruhender Ursprung, aus dem alle Tätigkeiten hervorgehen. Logos bedeutet Wort und Rede und Sinn und könnte somit auch Gott versinnbildlichen.

Als Gottes eigenständiges Geschöpf wird „das Wort Gottes" im Buch des Propheten Jesaja dargestellt: „Denn wie der Regen und der Schnee vom Himmel fällt und nicht dorthin zurückkehrt, sondern die Erde tränkt und sie zum Keimen und Sprossen bringt, wie er dem Sämann Samen gibt und Brot zum Essen, so ist es auch mit dem Wort, das meinen Mund verlässt: Es kehrt nicht leer zu mir zurück, sondern bewirkt, was ich will, und erreicht all das, wozu ich es ausgesandt habe." (Jes 55,10f.).[9]

Gemäß der Logos-Lehre tritt der göttliche Logos bei der Schöpfung aus Gott heraus, wie dies aus dem Johannisprolog zu entnehmen ist:

„Im Anfang war das Wort, und das Wort war bei Gott, und das Wort war Gott. Im Anfang war es bei Gott. Alles ist durch das Wort geworden, und ohne das Wort wurde nichts, was geworden ist. In ihm war das Leben, und das Leben war das Licht der Menschen." (Joh 1,1-4.).

Diese Worte beruhen auf der Schöpfungsgeschichte im ersten Buch Mose, Kap. 1. Dort heißt es „Gott sprach" und mit diesem Spruch erfolgte die Schöpfung der Welt.

Wie schon erwähnt wurde die Weisheitslehre in die Logos-Lehre integriert, so wie dies im Buch der Weisheit 9,1f, beschrieben steht: „Gott der Väter und Herr des Erbarmens, du hast das All durch dein Wort (Logos) gemacht. Den Menschen hast du durch deine Weisheit erschaffen, damit er über deine Geschöpfe herrscht."

36

Philo behauptet: „Gottes Güte und Allmacht werden durch den Verstand (Weisheit) vereint, der der Logos ist." (cher I,XXXII. 113.) sowie „Über die Weisheit kann man nicht urteilen, da sie nicht nur viel früher als ich (Logos), sondern auch früher als die ganze Welt geschaffen wurde." (virt, 2 ,62.). Die Weisheit, als positives Element, wurde auch weiterhin theologisch mit Gott und der Welt in Verbindung gebracht.

Auch das „Wort Gottes", der Logos, das an die Propheten erging, musste von diesen zuerst verstanden werden... Deshalb heißt es in der Hebräischen Bibel an zahlreichen Stellen „hört", um das Wort Gottes zu empfangen. (Z.B Jes 1,10: „Hört das Wort des Herrn,"). Der durch göttliche Eingebung geformte Gedanke im Menschen findet dann seinen Ausdruck durch das Sprechen und soll so das Verhalten der Menschen bestimmen. Im Sinne von Dtn 30,20: „Liebe den Herrn, deinen Gott, hör auf seine Stimme, und halte dich an ihm fest; denn er ist dein Leben."

Philo von Alexandrien nannte den Logos den Sohn Gottes und den Mittler zwischen Gott und Menschen, auch fasste er ihn als „Inbegriff aller schöpferischen Ideen" auf. Philo war es natürlich bekannt, dass im Judentum die frühesten „Mittler" zwischen Gott und den Menschen durch die in der Bibel vielfach erwähnten Engeln verkörpert sind. Das hebräische Wort für Engel, Malach, bedeutet eigentlich „Bote".

Für die Entwicklung der christlichen Lehre über die Göttlichkeit Jesu sind die folgenden Überlegungen Philos bedeutungsvoll:

Philo wirft folgenden Gedanken auf: Die Worte der Bücher Mose hat Gott dem Mose Wort für Wort diktiert. „Wieso sagte dann Gott in Gen 9,6,b, „als Abbild Gottes hat er den Menschen gemacht? und nicht, nach seinem eigenen Bild machte er den Menschen?" Philo beantwortet diese Frage, indem er schreibt: „Deshalb hat Gott sich so geäußert, da kein Sterblicher, gleich dem Obersten Vater des Universums gebildet werden konnte, sondern nur nach dem Muster der **zweiten Gottheit**, die das Wort (logos) des obersten Sein ist; da es passend sei, dass die vernünftige Seele des Menschen nach der Art des göttlichen Logos ist. Aber Gott, der dem Logos überlegen ist, hält seinen obersten Rang in einer einzigartigsten Vormachtstellung," (QG 1,62),

Diesen Mittler sieht Philo in seinem Werk „Über den Erben des Göttlichen" im Logos:

„Ich (Logos) stand zwischen dem Herrn und Dir Mensch. Ich bin weder unerschaffen worden, wie Gott, noch erschaffen wie Du, ich bin aber in der Mitte zwischen diesen beiden extremen Möglichkeiten, als einer der zu beiden Seiten gehört." (her, 42, § 206).

Philo führt seine Aussage über den Logos, wonach dieser „zwischen dem Herrn und Dir Mensch" stand, auf Num 17,13 zurück. Dort heißt es: „Er (Aaron)

trat zwischen die Toten und die Lebenden," (Num 17,13.). Diese Beweisführung Philos ist charakteristisch für sein allegorisches Verständnis der Schrift: In Aaron sieht er den Logos verkörpert, weil es im Ex 4,16 heißt: „Er (Aaron) wird für dich der Mund sein", Gott beauftragte Mose „leg ihm die Worte (logos) in den Mund!". (Ex 4,15.). Die „Toten und die Lebenden" stehen, laut Philo, für „dem Herrn und Dir Mensch".

(Es soll an dieser Stelle, wie auch im Kap 9, auf eine Schrift aus Qumran verwiesen werden, wo der Hohepriester ebenfalls als eine metaphysische Person beschrieben wird: In (11Qmelch oder 11Q13), sowie im „Testament des Levi" (1.-2. Jh. n.Chr.) wird der Hohepriester als übermenschlich dargestellt.

Ausführlicher schildert Philo seine Auffassung über den Logos im Werk „Über die Landwirtschaft", wobei er auch die **Engel** als eine Hypostase Gottes bezeichnet: „Gott herrscht wie ein Schäfer oder König über die Welt aller lebenden Kreaturen, seien sie sterblich oder göttlich, indem er einem Generalintendanten, seinen eigenen Verstand, (Logos) der sein erstgeborene Sohn ist, die Aufgabe des heiligen Gesellschafter Gottes überträgt, so wie ein oberster Offizier eines großen Königs, wie es heißt 'Ich werde einen Engel schicken, der dir vorausgeht. Er soll dich auf dem Weg schützen und dich an den Ort bringen, den ich bestimmt habe. Achte auf ihn, und hör auf seine Stimme! Widersetz dich ihm nicht! Er würde es nicht ertragen, wenn ihr euch auflehnt; denn in ihm ist mein Name gegenwärtig.'" (Das Thorazitat ist aus Ex 23,20f.). (Agr. 5,1.).

Philo wollte anscheinend durch die obige Aussage das monotheistische Gedankengut nicht gefährden. Es wäre möglich, dass er deshalb folgende Klarstellung verfasste: „Der Logos, der Weise und der Hohe Priester sind eine Art von Zwischenwesen zwischen Gott und Mensch. Sie sind weder Gott noch Mensch, sondern berühren die Grenzen beider." (somn 2.224-9.).

Philo geht wahrscheinlich bei dieser Aussage vom Thoravers Lev 16,17 aus und betrachtet deshalb den Hohen Priester nicht als „Mensch", da es dort heißt: „Kein Mensch darf im Offenbarungszelt sein, beim Eintreten (von Aaron = der Hohe Priester) in das Heiligtum um die Sühne zu vollziehen, bis er es wieder verlässt." (Lev 16,17.). (Übersetzung durch den Verfasser).

9. Die Aussagen Jesu über das Judentum

„Ein Schriftgelehrter fragte ihn: Welches Gebot ist das erste von allen? Jesus antwortete: Das erste ist: Höre, Israel, der Herr, unser Gott, ist der einzige Herr. Darum sollst du den Herrn, deinen Gott, lieben mit ganzem Herzen und ganzer Seele, mit all deinen Gedanken und all deiner Kraft." (Mk 12, 28ff.). Mit diesen Worten weist Jesus auf die Thora, in der es dort heißt: „Höre, Israel! JHWH, unser Gott, JHWH ist einzig. Darum sollst du den Herrn, deinen Gott, lieben mit ganzem Herzen, mit ganzer Seele und mit ganzer Kraft." (Dtn 6,4f.).

Im folgenden Zitat aus Matthäus erwähnt Jesus die Zehn Gebote und das Liebesgebot der Thora (Dtn 5,16.18ff. und Ex 20,12,14ff), deren Beachtung ein langes Leben gewährleisten:

„Es kam ein Mann zu Jesus und fragte: Meister, was muss ich Gutes tun, um das ewige Leben zu gewinnen? Er antwortete: Was fragst du mich nach dem Guten? Nur einer ist «der Gute». ... Wenn du aber das Leben erlangen willst, halte die Gebote! ... Du sollst nicht töten, du sollst nicht die Ehe brechen, du sollst nicht stehlen, du sollst nicht falsch aussagen; ehre Vater und Mutter! Und: Du sollst deinen Nächsten lieben wie dich selbst!" (Mt 19,16-19.).

Im selben Sinne betont Jesus, dass die wichtigsten Gebote in der Thora und bei den Propheten stehen:

Es hat den Anschein, dass für den Evangelisten Matthäus diese Worte von besondere Bedeutung gewesen sind, da er diesen Bericht über das Gespräch Jesu mit einem Gesetzeslehrer wiederholt: „Meister, welches Gebot im Gesetz ist das wichtigste? Er antwortete ihm: Du sollst den Herrn, deinen Gott, lieben mit ganzem Herzen, mit ganzer Seele und mit all deinen Gedanken. Das ist das wichtigste und erste Gebot. Ebenso wichtig ist das zweite: Du sollst deinen Nächsten lieben wie dich selbst. An diesen beiden Geboten hängt das ganze Gesetz samt den Propheten." (Mt 22,36-39).Wobei er noch die folgenden Worte Jesu hinzufügt: „An diesen beiden Geboten hängt das ganze Gesetz samt den Propheten." (Mat 22,40.).

Jesus bezieht sich hierbei auf die Thoraverse: „Darum sollst du den Herrn, deinen Gott, lieben mit ganzem Herzen, mit ganzer Seele und mit ganzer Kraft. (Dtn 6,5.) und „Du sollst deinen Nächsten lieben wie dich selbst." (Lev 19,18 b.).

Jesus sah offensichtlich seine Aufgabe in der Bekehrung der Juden zu ihren Gesetzen, die er nicht ändern wollte, aber deren Auslegung im barmherzigeren Geiste erfolgen sollte. Dies belegt das folgende Zitat:

„Amen, das sage ich euch: Bis Himmel und Erde vergehen, wird auch nicht der kleinste Buchstabe des Gesetzes vergehen, bevor nicht alles geschehen ist. Wer auch nur eines von den kleinsten Geboten aufhebt und die Menschen entsprechend lehrt, der wird im Himmelreich der Kleinste sein. Wer sie aber hält und halten lehrt, der wird groß sein im Himmelreich." (Mt 5,18f.).

Seinen Jüngern gab er die folgende Weisung:

„Diese Zwölf sandte Jesus aus und gebot ihnen: Geht nicht zu den Heiden, und betretet keine Stadt der Samariter, sondern geht zu den verlorenen Schafen des Hauses Israel." (Mt 10,5f.). (Ähnlich Mt. 16,24).

In der Bergpredigt (Mt 5,) tritt Jesus für eine Verschärfung des Liebesgebotes ein. Seine nachfolgende Bemerkung über den Feindeshass hat Jesus wahrscheinlich aus apokalyptischen Schriften entnommen, wie sie auch bei den Qumran Schriften zu finden sind, da in der Hebräischen Bibel ein solches Gebot nicht vorkommt:

„Ihr habt gehört, dass gesagt worden ist: Du sollst deinen Nächsten lieben und deinen Feind hassen. Ich aber sage euch: Liebet eure Feinde und betet für die, die euch verfolgen," (Mt 5,43f.).

In der Hebräischen Bibel wird zum Verhalten des Menschen zu seinen Feinden folgendes ausgesagt:

„Hat dein Feind Hunger, gib ihm zu essen, hat er Durst, gib ihm zu trinken; so sammelst du glühende Kohlen auf sein Haupt, und der Herr wird es dir vergelten." (Spr 25,21f.).

Ein weiteres Beispiel für Jesu humane Einstellung ist seine Auslegung der Sabbatgebote:

„Dort (beim Teich von Betesda) lag auch ein Mann, der schon achtunddreißig Jahre krank war. Als Jesus ihn dort liegen sah und erkannte, dass er schon lange krank war, fragte er ihn: Willst du gesund werden? Der Kranke antwortete ihm: Herr, ich habe keinen Menschen, der mich, sobald das Wasser aufwallt, in den Teich trägt. Während ich mich hinschleppe, steigt schon ein anderer vor mir hinein. Da sagte Jesus zu ihm: Steh auf, nimm deine Bahre und geh! Sofort wurde der Mann gesund, nahm seine Bahre und ging. Dieser Tag war aber ein Sabbat. Da sagten die Juden zu dem Geheilten: Es ist Sabbat, du darfst deine Bahre nicht tragen." (Joh 5,5-10.).

Ebenfalls:

„Darauf verließ er (Jesus) sie (die Pharisäer) und ging in ihre Synagoge. Dort saß ein Mann, dessen Hand verdorrt war. Sie fragten ihn: Ist es am Sabbat erlaubt zu heilen? Sie suchten nämlich einen Grund zur Anklage gegen ihn. Er antwortete: Wer von euch wird, wenn ihm am Sabbat sein Schaf in eine Grube fällt, es nicht sofort wieder herausziehen? Und wie viel mehr ist ein Mensch wert als ein Schaf! Darum ist es am Sabbat erlaubt, Gutes zu tun." (Mt 12,9-12.).[10] (Laut jüdischem Gesetz ist eine Heilung am Sabbat nur bei Lebensgefahr gestattet.)

Die Jesu zugeschriebene Schriftauslegung und die von ihm vorgelebten Verhaltensregeln werden in der Gegenwart von allen progressiven Juden geteilt.

Es soll nun untersucht werden, wie sich Jesus selbst verstanden hat. Hierbei ist zu bedenken, dass die frühesten überlieferten Texte die Briefe Pauli sind, die vermutlich zwischen 50 und 60 n.Chr., d. h. rund zwanzig Jahre nach der Passion Jesu, verfasst wurden. Für die Schriften der Evangelien wird meistens eine Entstehungszeit zwischen 70 bis 90 n.Chr. angenommen. Man kann daher nicht mit Sicherheit behaupten, ob die im Neuen Testament angeführten, Jesus zugeschriebenen Aussagen, tatsächlich von ihm stammen. Für die Entstehung des Christentums ist dies aber von geringerer Bedeutung, wichtig ist, welche Worte Jesu in der Zeit nach seiner Kreuzigung zugeschrieben wurden und wie daher von Jesus gedacht worden ist.

Die Einstellung Jesu zum Tempel in Jerusalem ist eindeutig: Er besuchte regelmäßig den Tempel, um dort zu lehren. (Mt 21,23; 26,55; Mk 12,35ff. etc.). Er fand das Treiben der Händler anstößig für einen heiligen Ort und wollte die Würde des Tempels wahren. In diesem Sinne ist der folgende Satz zu verstehen: „Jesus ging in den Tempel und trieb alle Händler und Käufer aus dem Tempel hinaus; er stieß die Tische der Geldwechsler und die Stände der Taubenhändler um und sagte: In der Schrift steht: Mein Haus soll ein Haus des Gebetes sein. Ihr aber macht daraus eine Räuberhöhle." (Mt 21,12f; Mk 11,15ff.).

Zwei Sprüche, die von den Evangelisten Jesu zugeschrieben wurden, passen nicht in das Bild von Jesus als gläubigen Juden. Diese sind: '" …der Menschensohn ist Herr über den Sabbat." (Mt 12,8b). Auch wenn Jesus sich als Messias gesehen hat, hätte der Messias nicht die Vollmacht gehabt eine Änderung des Gesetzes vorzunehmen.[11] Schon in den Qumranschriften wird behauptet, dass der Messias nach 1QSa sogar an die aus der Tora entwickelten Gemeinderegeln von Qumran gebunden sein wird.[12] Jesus hat die Gesetze, so wie die Rabbinen nach ihm, nur neu interpretiert und die aus der Tradition stammenden Vorschriften eher verschärft. Für die erste Behauptung kann man sich auf Mt 5,18 berufen: „Amen, das sage ich euch: Bis Himmel und Erde vergehen, wird auch nicht der kleinste Buchstabe des Gesetzes vergehen, bevor nicht alles geschehen ist." (Mt 5,18.).

Für die zweite Behauptung, die Verschärfung der Gesetze, sei auf Mk 11,16 verwiesen: „… und ließ nicht zu, dass jemand irgend etwas durch den Tempelbezirk trug."[13]

Gleichfalls zu bezweifeln ist, dass der folgende Satz im Sinne Jesu geschrieben wurde: „Denn es gelangt ja nicht in sein Herz, sondern in den Magen und wird wieder ausgeschieden. Damit erklärte Jesus alle Speisen für rein." (Mk 7,19.). Die Frage nach der Einhaltung gewisser Speisegesetze wurde erst aktuell, als Heiden getauft worden sind, die Verpflichtung nicht übernehmen mussten, die jüdischen Gesetze zu befolgen. Eine Frage der Auslegung ist es, ob der erste Satz „Denn es gelangt ja nicht in sein Herz, sondern in den Magen und wird wieder ausgeschieden" von Jesus stammt, und er damit nur die Äußerlichkeiten einer Lebensführung kritisieren wollte. Die daraus vom Evangelisten gezogene Schlussfolgerung: „Damit erklärte Jesus alle Speisen für rein" könnte nicht im Sinne Jesu gewesen, da Jesus die Religionsgesetze der damaligen Zeit befolgte. Es ist bezeichnend, dass manche christliche Bibelgelehrten ebenfalls die Ansicht vertreten, dass der Nachsatz in Mar 7,19 eine spätere Einfügung ist. Deshalb haben die Übersetzer der New Revised Standard (NRS) diesen Nachsatz in Klammer gesetzt.[14]

Die eindeutigste Aussage über Jesus als Jude ist aus seiner Rede zu entnehmen, die von den Johannes in seinem Evangelium aufgenommen wurde: „das Heil kommt von den Juden." (Joh 4,22.). Der Echtheit dieser überlieferten Aussage Jesu ist umso mehr zu vertrauen, weil der Evangelist Johannes auch solche Worte Jesu in seinem Evangelium aufgenommen hat, die keinesfalls als judenfreundlich bezeichnet werden können. Z. B.: „Ihr (seine jüdischen Gegner) habt den Teufel zum Vater, (Joh 8:44.). Wie schon erwähnt, sind die zuletzt zitierten Worte erst an die sechzig Jahre nach Jesu Tod schriftlich verfasst worden. Sie sind daher weniger als ein Spruch Jesu aufzufassen, sondern eher für den jüdisch-christlichen Konflikt bezeichnend, der zurzeit der Niederschrift dieses Evangeliums geherrscht hat.

10. Die Titel Jesu

Alle Titel, mit denen Jesus im Neuen Testament bezeichnet worden ist, stammen aus dem Judentum und zeigen, dass Jesus sich nicht nur als Jude gefühlt hatte, sondern, dass auch die Menschen in Palästina der damaligen Zeit Jesus als Juden gesehen haben. Die folgenden Textbeispiele aus dem Neuen Testament sollen dafür als Belegstellen dienen.

10.1 Jesus als Rabbi und Lehrer

„Es war ein Pharisäer namens Nikodemus, ein führender Mann unter den Juden. Der suchte Jesus bei Nacht auf und sagte zu ihm: Rabbi, wir wissen, du bist ein Lehrer, der von Gott gekommen ist; denn niemand kann die Zeichen tun, die du tust, wenn nicht Gott mit ihm ist." (Joh 3,1.).

10.2 Jesus als Prophet

Erst im rabbinischen Judentum wurde das Buch „Maleachi" als das letzte Prophetenbuch bezeichnet.[15] Dies kommt auch im 1 Makk 9,27 zum Ausdruck, wo es heißt: „Große Bedrängnis herrschte in Israel, wie seit den Tagen der Propheten nicht mehr." Wie aus zwei Stellen aus 1 Makk zu entnehmen ist, war dennoch in der Zeit nach dem 2. Jh. v.Chr. das Kommen eines Propheten erwartet worden:

„…und legten die Steine an einen passenden Ort auf dem Tempelberg nieder, bis ein Prophet komme und entscheide, was damit geschehen solle." (1 Makk 4,46.).

„Darum haben das jüdische Volk und ihre Priester eingewilligt, dass Simon für immer ihr Fürst und Hohepriester sein sollte, so lange, bis ihnen Gott einen rechten Propheten erwecken würde;" (1 Makk 14,41.).

Die Voraussage Mose, ist aus Dtn 18,15 entnommen worden. Sie hat gleichfalls zu dieser Erwartungshaltung beigetragen:

„Mose hat gesagt: Einen Propheten wie mich wird euch der Herr, euer Gott, aus euren Brüdern erwecken. Auf ihn sollt ihr hören in allem, was er zu euch sagt."

Als Petrus im Tempel von Jerusalem eine Ansprache hielt, hat er gleichfalls dieses Argument verwendet: „Mose hat gesagt: ‚Einen Propheten wie mich wird euch der Herr, euer Gott, aus euren Brüdern erwecken. Auf ihn sollt ihr hören in allem, was er zu euch sagt.' Jeder, der auf jenen Propheten nicht hört, wird aus dem Volk ausgemerzt werden. Und auch alle Propheten von Samuel an und alle, die später auftraten, haben diese Tage angekündigt. Ihr seid die Söhne der Propheten und des Bundes, den Gott mit euren Vätern geschlossen hat, als er zu Abraham sagte: ‚Durch deinen Nachkommen sollen alle Geschlechter der Erde Segen erlangen.'" (Apg 3,22-25.).

Jesus wurde wahrscheinlich wegen seiner wundersamen Heilungen und seiner offensichtlich charismatischen Erscheinung von Manchen als Prophet angesehen: „Die Frau sagte zu ihm: Herr, ich sehe, dass du ein Prophet bist." (Joh 4,19.).

Gleichfalls:

„Er war ein Prophet, mächtig in Wort und Tat vor Gott und dem ganzen Volk." (Lk 24,19.).

Bezeichnend für die verbreitete Ansicht, wonach Jesus ein Prophet wäre, sind die Worte, mit denen Jesus von den Menschen aus der Umgebung des Hohen Priesters verspottet wurde:

„Du bist doch ein Prophet!" (Mt 26,68; Lk 22,64; Mk 14,65.).

10.3 Jesus als Hoher Priester

Im NT wird im Hebräerbrief dieser Titel auch Jesu zuerkannt: „So hat auch Christus sich nicht selbst die Würde eines Hohepriesters verliehen, sondern der, der zu ihm gesprochen hat". (Heb 5,5.).

Es gab spätestens im 1. Jh. v.Chr. eine Tradition, nach der Melchizedek als Hohepriester angesehen wurde. In Gen 14 wird berichtet, dass Melchizedek König und Priester war und Abraham gesegnet hat: „Melchizedek, der König von Salem, brachte Brot und Wein heraus. Er war Priester des Höchsten Gottes. Er segnete Abram[16] und sagte: Gesegnet sei Abram vom Höchsten Gott, dem Schöpfer des Himmels und der Erde, und gepriesen sei der Höchste Gott, der deine Feinde an dich ausgeliefert hat. Darauf gab ihm Abram den Zehnten von allem." (Gen 14,18ff.).

Im Psalm 110 werden Worte Gottes an David beschrieben: „Der Herr hat geschworen, und nie wird's ihn reuen: «Du bist Priester auf ewig nach der Ordnung Melchizedeks.»" (Ps110,4.). Diese Bezeichnung Davids als Priester konnte nur durch Melchizedek gerechtfertigt werden, da David Herrscher Jerusalems, wie es auch Melchizedek gewesen war. David stammte aber nicht aus einem priesterlichen Geschlecht. Diese waren die Leviten. Deren Stammesvater Levi war einer der Söhne Jakobs. Der Hohepriester stammte jeweils aus dem Geschlecht Aarons, der der Bruder Mose war. David stammte aber aus dem Geschlecht Judas, der ebenfalls ein Sohn Jakobs war. Wollte man daher David den Titel eines Priesters zuerkennen, musste dafür aus dem vorher zitierten Bibelvers Melchizedek als angeblicher Begründer einer Priester Dynastie, herangezogen werden. Dieser Umstand war auch für die Bezeichnung Jesu als Hohepriester ausschlaggebend: „Das geschieht nicht ohne Eid; jene anderen sind ohne Eid Priester geworden, dieser aber durch einen Eid dessen, der zu ihm sprach: ‚Der Herr hat geschworen, und nie wird es ihn reuen: Du bist Priester auf ewig.' So ist Jesus auch zum Bürgen eines besseren Bundes geworden. Auch folgten dort viele Priester aufeinander, weil der Tod sie hinderte zu bleiben er aber hat, weil er auf ewig bleibt, ein unvergängliches Priestertum." (Heb 7,20-24.).

10.4 Jesus als Christus

Im Neuen Testament ist „Christus" der am häufigsten verwendete Titel Jesu. Das Wort „Christos" bedeutet griechisch „der Gesalbte". Wie schon ausgeführt wurde, gehörte dieser Ritus zur Weihe eines Königs, obwohl dies die Bibel nicht bei jedem neuen König erwähnt.[17] Auch der Hohe Priester wurde gesalbt, obwohl dies nur in manchen Fällen in der Bibel berichtet wird. Messias im Hebräischen und „Christos" im Griechischen bedeuten beide der „Gesalbte". Es ist nicht anzunehmen, dass das griechische Wort „Christos" zu Lebzeiten Jesu im palästinischen Raum verwendet wurde, da die Sprache der Bevölkerung damals aramäisch war.

10.5 Jesus als König

Der Königstitel für Jesus verweist auf seinen Titel „Christus", da die Weihe, die in Israel ein König erhielt, meistens mit einer Salbung verbunden war. Die geschilderten Prophezeiungen über den kommenden Messias stehen mit dem Titel „König" für Jesu, als Nachkomme König Davids, in einem untrennbaren Zusammenhang.

Auf die folgenden Aussagen Jesu wird bei dem Versuch, die Frage nach der Ursache der Kreuzigung Jesu zu ergründen, noch zurückgekommen werden:

„Pilatus sagte zu ihm: Also bist du doch ein König? Jesus antwortete: Du sagst es, ich bin ein König. Ich bin dazu geboren und dazu in die Welt gekommen, dass ich für die Wahrheit Zeugnis ablege." (Joh 18,37.).
„Pilatus fragte ihn: Bist du der König der Juden? Er antwortete ihm: Du sagst es." (Lk 23,3.).

Der Bericht, dass Jesus selber oder seine Anhänger für Jesus den Königstitel in Anspruch nahmen, ist mit dem Markusevangelium zu belegen, wonach sowohl die römischen Soldaten als auch das Volk Jesu als König verspotteten:
„Heil dir, König der Juden!" (Mk 15,18b.).
„Der Messias, der König von Israel!" (Mk 15,32.)
Auch das Johannesevangelium zeugt für den in den Augen der Römer, widerrechtlich verwendeten Titel König:
„Pilatus ließ auch ein Schild anfertigen und oben am Kreuz befestigen; die Inschrift lautete: Jesus von Nazareth, der König der Juden." (Joh 19,19.).
Auch der vom Evangelisten Johannes geschilderte Widerspruch der Priester zeigt, dass es wahrscheinlich ist, dass Pilatus wirklich die geschilderte Tafel anfertigen ließ:
„Die Hohepriester der Juden sagten zu Pilatus: Schreib nicht: Der König der Juden, sondern dass er gesagt hat: Ich bin der König der Juden." (Joh 19,21.).

10.6 Jesus als „Retter"

Aus den Texten des Neuen Testamentes ist es nicht immer klar, wie der Titel Jesu als Retter zu verstehen ist. Die Auffassung des Judentums über den Messias als Retter wird an mehreren Stellen, die im ersten Teil dieser Schrift zitiert wurden, politisch verstanden, nämlich als Retter der nationalen Unabhängigkeit Israels, so wie dies auch in der Hebräischen Bibel dem erwarteten Erlöser zugeschrieben wird:
„Denn der Herr wird Jakob erlösen und ihn befreien aus der Hand des Stärkeren." (Jer 31,11.).
„Doch ihr Erlöser ist stark, Herr der Heere ist sein Name. Er führt ihre Sache mit Kraft, um der Erde Ruhe zu schaffen, Unruhe aber Babels Bewohnern. Das Schwert über die Chaldäer – Spruch des Herrn – und über die Bewohner von Babel, über seine Fürsten und seine Weisen! Das Schwert über die Wahrsager, sie werden zu Narren! Das Schwert über seine Helden, sie brechen zusammen! Das Schwert über seine Rosse und Wagen und über alles Völkergemisch in seinen Reihen, es wird zu Weibern! Das Schwert über seine Schätze, sie werden geraubt!" (Jer 50,34-37.).

Einige Hinweise zeigen, dass auch die Anhänger Jesu von ihm diese Art von Rettung erwarteten:

„Gepriesen sei der Herr, der Gott Israels! Denn er hat sein Volk besucht und ihm Erlösung geschaffen er hat uns einen starken Retter erweckt im Hause seines Knechtes David. So hat er verheißen von alters her durch den Mund seiner heiligen Propheten. Er hat uns errettet vor unseren Feinden und aus der Hand aller, die uns hassen; (Lk 1,68-71.).

Ebenfalls:

„Als sie nun beisammen waren, fragten sie ihn: Herr, stellst du in dieser Zeit das Reich für Israel wieder her?" (Apg 1,16.).

Das folgende Zitat bezieht die Rettung nicht auf die Wiederherstellung der Souveränität Israels, sondern auf die Rettung von der Sünde „Ihn hat Gott als Herrscher und Retter an seine rechte Seite erhoben, um Israel die Umkehr und Vergebung der Sünden zu schenken." (Apg 5,31.).

Bei den nachstehenden Sätzen, ist es nicht eindeutig in welchem Sinne das Wort „Retter" zu deuten ist:

„Heute ist euch in der Stadt Davids der **Retter** geboren; er ist der Messias, der Herr." (Lk 2,11.).

„Ich habe David, den Sohn des Isai, als einen Mann nach meinem Herzen gefunden, der alles, was ich will, vollbringen wird. Aus seinem Geschlecht hat Gott dem Volk Israel, der Verheißung gemäß, Jesus als **Retter** geschickt. (Apg 13,22f.).

Nachstehender Ausdruck ist umfassender und kann weder politisch verstanden noch auf die Sündenvergebung eingeschränkt werden. Er ist eher metaphysisch zu verstehen:

„Er ist wirklich der Retter der Welt." (Joh 4,42b.).

Der Begriff „Retter" ist mit „Erlösung" verbunden. Dazu siehe die Kapitel 18 und 19.

10.7 „Herr" als Titel für Jesus

„Herr" wird in der Hebräischen Bibel vornehmlich als Bezeichnung für „Gott" verwendet, wobei an manchen Stellen dieses Wort auch im herkömmlichen Sinn gebraucht wird. (Z. B. Gen 39,19.).

In der griechischen Bibel, in der Septuaginta, wird JHWH mit Kyrios (griechisch: „Herr") übersetzt.

Im NT wird mit dem Wort „Kyrios" sowohl ein gewöhnlicher Mensch (Z.B. Eph 6,9.) als auch Jesus (z.B. 1 Kor 6,14.) bezeichnet.

10.8 Jesus als Mittler zwischen Gott und den Menschen

Wie schon erwähnt sind im Judentum die frühesten „Mittler" zwischen Gott und den Menschen die in der Bibel vielfach erwähnten Engeln. Das hebräische Wort Malach für Engel, bedeutet „Bote".

Die Idee, dass zwischen dem Höchsten Wesen und den Menschen ein Mittler notwendig ist, hat auch, wie oben angeführt, Philo beschrieben und diese Aufgabe dem Logos zuerkannt: „Ich (Logos) stand zwischen dem Herrn und Dir Mensch. Ich bin weder unerschaffen worden, wie Gott, noch erschaffen wie Du, ich bin aber in der Mitte zwischen diesen beiden extremen Möglichkeiten, als einer der zu beiden Seiten gehört…" (her, 42, § 206).

Als der Logos auf Jesus übertragen wurde, wurde ihm dadurch auch die Rolle eines „Mittlers" zugeschrieben: „Denn es ist ein Gott und ein Mittler zwischen Gott und den Menschen, der Mensch Christus Jesus, der sich selbst als Lösegeld für alle gegeben hat." (1.Tim 2,5f.).

10.9 Jesus als Menschensohn und als Messias

Wie sehr in der zweiten Hälfte des 1. Jhs. v.Chr. ein überirdischer Retter, nicht nur von den Juden, aber auch im griechisch- römischen Raum, erwartet wurde, zeigt eine „Kalender Inschrift" aus dem Jahr 9 v.Chr. aus dem kleinasiatischen Priene:

„Da die Vorsehung, die alles in unserem Leben ordnet, Eifer und Ehrgeiz beweisend, das Beste für unser Leben bestimmte, sandte sie Augustus, den sie zum Heile der Menschen mit Würde erfüllte, und diesen Heiland für uns und unsere Nachkommen schickte, der den Kriegen ein Ende macht und alles in Ordnung bringt. Und da der Kaiser, auf Erden erschienen, die Hoffnung aller in ihren Hoffnungen übertraf: weil er nicht nur alle Wohltäter, die vor ihm waren, überragt, sondern auch der Nachwelt keine Hoffnung hinterlässt, ihn zu übertreffen. Es war aber der Geburtstag des Gottes für die Welt der Anfang aller Dinge, die um seinetwillen Frohbotschaften sind."

In der hebräischen Bibel kommt das Wort „Messias" nicht vor.

Aber in der pseudepigraphischen Schrift 1 Henoch sind die folgenden Voraussagen über den kommenden Messias zu entnehmen:

„In seiner Gegenwart werden sie fallen und sich nicht wieder erheben, und es wird keiner da sein, der sie aus seinen Händen nähme und sie aufhöbe; denn sie haben verleugnet den Herrn der Geister und seinen Messias. Der Name des Herrn der Geister sei gepriesen!" (47,11.).

„Er sagte: Alle diese Dinge, welche Du siehst, sollen für die Herrschaft des Messias sein, damit er herrsche und mächtig sei auf Erden." (51,4.).

Für die Messias Texte in den Qumran Schriften ist die folgende Prophezeiung Sacharjas von Bedeutung:

„Und weiter fragte ich ihn: Was bedeuten die zwei Büschel von Olivenzweigen bei den beiden goldenen Röhren, durch die das goldene Öl herabfließt? Er sagte zu mir: Weißt du nicht, was sie bedeuten? Ich erwiderte: Nein, Herr. Er sagte: Das sind die beiden Gesalbten, die vor dem Herrn der ganzen Erde stehen." (Sach 4,12ff.).

In den Qumran Schriften werden an manchen Stellen zwei Persönlichkeiten eine messianische Funktion zugeschrieben, und zwar dem Hohen Priester und dem Anführer dieser Sekte, der in den Schriften CD, 1QpHab und 1Q14 als „Lehrer der Gerechtigkeit" genannt wird.

Ebenso kann aus dem Textzusammenhang „Der Gesalbte (Aaron)" als Messias verstanden werden. (4QPB Patriarchal Blessings) Auch in 4QS 9,11 wird ein Messias von Levi und von Israel erwähnt.

In den Qumran Schriften über „Melchizedek" (11Qmelch oder 11Q13), sowie im „Testament des Levi" (1.-2. Jh. n.Chr.) wird der Hohepriester als übermenschlich dargestellt.

Wie aus den vorher erwähnten Zitaten aus dem Buch 1. Henoch zu entnehmen ist, war auch im 1. Jh. n.Chr. der „Menschensohn" ein messianischer Titel. Auffallend ist, dass dieser Titel „Menschensohn" und „Messias" für Jesus zwar oft in den Evangelien aufscheint, aber nicht in den paulinischen Briefen. Dieser Umstand zeigt, dass es noch einer geraumen Zeit bedurfte, bis die Lehren über Jesus vereinheitlicht wurden. Wie später noch geschildert wird, waren die Ansichten der Apostel und ihre Lehren über Christus in den verschiedenen Gebieten des römischen Reiches unterschiedlich. Die Titeln „Menschensohn" und „Messias" wurden Jesus auch vielfach erst bei seiner erwarteten Wiederkehr zuerkannt.

In den folgenden Zitaten ist die Gleichsetzung des Menschensohnes mit dem Messias offensichtlich:

„Als Jesus in das Gebiet von Cäsarea Philippi kam, fragte er seine Jünger: Für wen halten die Leute den Menschensohn? Sie sagten: Die einen für Johannes den Täufer, andere für Elija, wieder andere für Jeremia oder sonst einen Propheten. Da sagte er zu ihnen: Ihr aber, für wen haltet ihr mich? Simon Petrus antwortete: Du bist der Messias, der Sohn des lebendigen Gottes! Jesus sagte zu ihm: Selig bist du, Simon Barjona; denn nicht Fleisch und Blut haben dir das offenbart, sondern mein Vater im Himmel." (Mt 16,13-17.).

„Da wandte sich der Hohepriester noch mal an ihn und fragte: Bist du der Messias, der Sohn des Hochgelobten? Jesus sagte: Ich bin es. Und ihr werdet den

Menschensohn zur Rechten der Macht sitzen und mit den Wolken des Himmels kommen sehen." (Mk 14,61bf; Mt26,63; Joh 10,24.).

Die folgenden Sätze geben die Ansicht wieder, dass Jesus seine, von einem Messias im Judentum erwarteten Taten erst nach seiner Wiederkunft setzen wird:

„Der Menschensohn wird mit seinen Engeln in der Hoheit seines Vaters kommen und jedem Menschen vergelten, wie es seine Taten verdienen. Amen, ich sage euch: Von denen, die hier stehen, werden einige den Tod nicht erleiden, bis sie den Menschensohn in seiner königlichen Macht kommen sehen. (Mt 16,27f.).

„... und der Herr Zeiten des Aufatmens kommen lässt und Jesus sendet als den für euch bestimmten Messias. Ihn muss freilich der Himmel aufnehmen bis zu den Zeiten der Wiederherstellung von allem, die Gott von jeher durch den Mund seiner heiligen Propheten verkündet hat. (Apg 3,20ff.).

Justin der Märtyrer († um 165 n.Chr.) sieht die Wiederkunft Jesu schon im Ritus des Versöhnungstages vorausgesagt:

„Die beiden für die Fasten (= der große Versöhnungstag.) befohlenen Böcke (Lev 16,7-10.); welche ähnlich sein mussten, und von denen der eine verstoßen wurde, der andere als Opfer diente, verkündeten das zweimalige Erscheinen Christi: das erste Erscheinen, sofern die Ältesten eures Volkes und die Priester ihn verstoßen, Hand an ihn gelegt und ihn getötet haben, seine zweite Parusie dagegen, sofern ihr an dem gleichen Orte Jerusalem ihn, den ihr entehrt habt, erkennen werdet." (Dialog mit dem Juden Trypho, Dialogus cum Tryphone 40.4.)

Die vom Messias zu erwartenden Wohltaten für die Menschheit sind aus dem folgenden Abschnitt des Matthäus Evangeliums zu entnehmen:

„Johannes hörte im Gefängnis von den Taten Christi. Da schickte er seine Jünger zu ihm und ließ ihn fragen: Bist du der, der kommen soll, oder müssen wir auf einen andern warten? Jesus antwortete ihnen: Geht und berichtet Johannes, was ihr hört und seht: Blinde sehen wieder, und Lahme gehen; Aussätzige werden rein, und Taube hören; Tote stehen auf, und den Armen wird das Evangelium verkündet." (Mt 11,2-5.).

Dieser Spruch, der Jesus zugeschrieben wird, ist aus den Erlösungserwartungen der Hebräischen Bibel entnommen:

„Dann werden die Augen der Blinden geöffnet, auch die Ohren der Tauben sind wieder offen. Dann springt der Lahme wie ein Hirsch, die Zunge des Stummen jauchzt auf. In der Wüste brechen Quellen hervor, und Bäche fließen in der Steppe." (Jes 35,5f.).

Sowie:

„Er hat mich gesandt, damit ich den Armen eine frohe Botschaft bringe und alle heile, deren Herz zerbrochen ist, damit ich den Gefangenen die Entlassung verkünde und den Gefesselten die Befreiung." (Jes 61,1.).

10.10 Jesus als Sohn Gottes

Auch der Titel „Sohn Gottes" weist auf die Aufnahme Jesu in den Himmel nach seiner Passion hin. Wie schon eingangs erwähnt wurde, stammt dieser Titel von den Worten Gottes über den König Israels.

„...der dem Geist der Heiligkeit nach eingesetzt ist als **Sohn Gottes** in Macht **seit** der Auferstehung von den Toten, das Evangelium von Jesus Christus, unserem Herrn." (Röm 1,4.).

„Er wird groß sein und Sohn des Höchsten genannt werden. Gott, der Herr, wird ihm den Thron seines Vaters David geben." (Lk,1,32.).

Die Worte, die der Evangelist Lukas als einen Ausspruch Jesu überlieferte, stehen mit dessen unmittelbar folgenden Passion im Zusammenhang:

„Von nun an wird der Menschensohn zur Rechten des allmächtigen Gottes sitzen. Da sagten alle: ‚Du bist also der Sohn Gottes'. Er antwortete ihnen: ‚Ihr sagt es – ich bin es'." (Lk 22,69f.).

Der Evangelist Johannes fasste die von ihm geschilderte Passion Jesu mit folgenden Worten zusammen:

„Diese aber sind aufgeschrieben, damit ihr glaubt, dass Jesus der Messias ist, der Sohn Gottes, und damit ihr durch den Glauben das Leben habt in seinem Namen." (Joh 20,31.).

Im Kap. 7,4 wurden aus Stellen in der Hebräischen Bibel, wo dieser Ausdruck Sohn Gottes vorkommt, einige Zitate gebracht. Auch dem jüdischen Denken im ersten Jahrhundert der Zeitrechnung war der Ausdruck „Sohn Gottes" nicht fremd. Z. B. hat der jüdische Philosoph Philo Isaak als Sohn Gottes bezeichnet. Weil dessen Name auf Hebräisch vom Wort für „Lachen" [18]abgeleitet wird, hat Philo über Isaak folgendes geschrieben: „Gott sprach: zu Abraham: „Ich will sie segnen und dir auch von ihr einen Sohn geben." (Gen17,16.). Wer nun sagt, ich werde geben, kann nur das geben, was sein eigenes privates Eigentum ist. Und wenn dies unbestritten wahr ist, dann würde daraus folgen, dass Isaak nicht ein Mensch gewesen war, sondern, als ein Synonym, der Adoptivsohn Gottes. Dies geht aus seinem Namen hervor, der für die schönsten Freude aller Freuden steht, nämlich, Lachen." (mut. XXIII 130-132,).

10.11 Jesus als Lamm Gottes

Diese Bezeichnung Jesu geht auf die Aussage Johannes des Täufers zurück. Das Johannesevangelium berichtet zweimal, wie Johannes d. T. Jesus als „Lamm Gottes" bezeichnete: „ Am Tag darauf sah er Jesus auf sich zukommen und sagte: Seht, das Lamm Gottes, das die Sünde der Welt hinwegnimmt. Er ist es, von dem ich gesagt habe: Nach mir kommt ein Mann, der mir voraus ist, weil er vor mir war." (Joh 1,29f. siehe auch 1,36.).

In diesen Aussagen sind zwei Hinweise erhalten: Die erste auf die Passion (Wegnahme der Sünden) und die zweite auf die Präexistenz Jesu („weil er vor mir war."). Diese zweite Aussage weist auf die Voraussage des Propheten Maleachi hin: „Bevor aber der Tag des Herrn kommt, der große und furchtbare Tag, seht, da sende ich zu euch den Propheten Elija. Er wird das Herz der Väter wieder den Söhnen zuwenden und das Herz der Söhne ihren Vätern, damit ich nicht kommen und das Land dem Untergang weihen muss." (Mal 3,23f).

Der Erzengel Gabriel hat nach Lk 1,17 über Johannes d. T. folgende Weissagung erteilt: „ Er wird mit dem Geist und mit der Kraft des Elija dem Herrn vorangehen, um das Herz der Väter wieder den Kindern zuzuwenden und die Ungehorsamen zur Gerechtigkeit zu führen und so das Volk für den Herrn bereit zu machen." Diese Weissagung hätte bedeutet, dass mit dem Kommen Jesu der „Tag des Herren" mit allen apokalyptischen Vorhersagen eintreffen hätte sollen.

Weil dies nicht geschah, wurde wahrscheinlich im Johannesevangelium die Identität Elija mit Johannes d. T. in Abrede gestellt: „Sie fragten ihn: Was bist du dann? Bist du Elija? Und er sagte: Ich bin es nicht". (Joh1,21a.).

Im Kapitel 6 der Apokalypse des Johannis wird das Lamm mit Jesus gleichgesetzt.

Es ist wahrscheinlich, dass das Lamm, als Bezeichnung Jesu, mit dem Passahlamm in Verbindung steht. Der Auszug der Israeliten aus Ägypten wurde nur möglich, weil Gott die Einwilligung des Pharao durch zehn Plagen erzwungen hatte. Die letzte dieser zehn Plagen war der Tod aller Erstgeborenen. Damit nicht auch die Erstgeborenen der Israeliten getötet werden, wurde von Gott befohlen ein Lamm zu schlachten. Es hieß: „Man nehme etwas von dem Blut und bestreiche damit die beiden Türpfosten und den Türsturz an den Häusern, in denen man das Lamm essen will." (Ex 12,7). Die Assoziation Passion – Passah – Passahlamm, ist sehr wahrscheinlich, besonders dann, wenn man den Hinweis in der Johannesapokalypse berücksichtigt: „Und ich sah: Zwischen dem Thron und den vier Lebewesen und mitten unter den Ältesten stand ein Lamm; es sah aus wie geschlachtet ... (Apk 5,6a.) Anderseits ist das Lamm als Symbol der Unschuld, und deshalb auf Jesus zutreffend auch für sich genommen, ein ausreichender

Grund für diesen ihm zugesprochenen Titel. Vor allem, wenn der Text des Propheten Jesaja berücksichtigt wird: „Er wurde misshandelt und niedergedrückt, aber er tat seinen Mund nicht auf. Wie ein Lamm, das man zum Schlachten führt, und wie ein Schaf angesichts seiner Scherer, so tat auch er seinen Mund nicht auf." (Jes 53,7.).

Abb. 1. Mosaik, das Lamm im Paradies mit den vier Paradies Flüssen in der Apsis der S. Zeno Kapelle von Sta. Prassede in Rom. (Anfang 9.Jh. n.Chr.).

Im obigen Mosaik, werden links und rechts vom Lamm Hirsche dargestellt und damit auf den folgenden Psalm Vers verwiesen: "Wie der Hirsch lechzt nach frischem Wasser, so lechzt meine Seele, Gott, nach dir." (Ps 42,2.).

10.12 Jesus als zweiter oder letzter Adam

Paulus betont an mehreren Stellen die Parallele zwischen Jesus und Adam und folgert aus der Gegenüberstellung der Beiden auf die besondere Natur Jesu, die auch jenen Menschen zu Teil wird, die in den Himmel kommen:
„Denn wie in Adam alle sterben, so werden in Christus alle lebendig gemacht werden. Es gibt aber eine bestimmte Reihenfolge: Erster ist Christus; dann folgen, wenn Christus kommt, alle, die zu ihm gehören." (1 Kor 15,22f.).
Paulus setzt dann fort:
„So steht es auch in der Schrift: Adam, der Erste Mensch, wurde ein irdisches Lebewesen. Der Letzte Adam wurde lebendigmachender Geist. Aber zuerst kommt nicht das Überirdische; zuerst kommt das Irdische, dann das Überirdische. Der Erste Mensch stammt von der Erde und ist Erde; der Zweite Mensch stammt vom Himmel. Wie der von der Erde irdisch war, so sind es auch seine Nachfahren. Und wie der vom Himmel himmlisch ist, so sind es auch seine

Nachfahren. Wie wir nach dem Bild des Irdischen gestaltet wurden, so werden wir auch nach dem Bild des Himmlischen gestaltet werden." (1 Kor 15, 45-49.). Ebenso schreibt Paulus an die Römer 5,12ff:

„Durch einen einzigen Menschen kam die Sünde in die Welt und durch die Sünde der Tod, und auf diese Weise gelangte der Tod zu allen Menschen, **weil** alle sündigten. Sünde war schon vor dem Gesetz in der Welt, aber Sünde wird nicht angerechnet, wo es kein Gesetz gibt; dennoch herrschte der Tod von Adam bis Mose auch über die, welche nicht wie Adam durch Übertreten eines Gebots gesündigt hatten; Adam aber ist die Gestalt, die auf den Kommenden hinweist."

Der griechische Begriff „ἐφ᾽ ᾧ" (übersetzt mit „weil" in der Einheitsübersetzung; heißt eigentlich Wort wörtlich: „Aus diesem Grunde"). Daher meinte eigentlich Paulus, dass die Sünde durch das Vorbild Adams, dem die Menschen folgten, in die Welt kam. In der lateinischen Bibelübersetzung, der Vulgata, wurde „ἐφ᾽ ᾧ" als „in quo" in Röm. 5,12 wiedergegeben, also: „In ihm (Adam) haben alle gesündigt." Diese Übersetzung führte Augustinus von Hippo, (354 – 430 n.Chr.) der als Vater der eigentlichen Erbsündenlehre angesehen werden kann, zu seiner Auffassung der Vererbbarkeit der Sünde.[19]

Trotz der Erbsünde könne der Mensch sich zum Guten entscheiden, jedoch nur mit Hilfe der Gnade Gottes. Die Erlösung findet der Mensch durch das Sakrament der Taufe, da der Getaufte von der Erbsünde erlöst werde. Dennoch bleibt er als Sterblicher mit den Folgen der Erbsünde behaftet, da er der Sünde zuneigt. Im Judentum heißt dieser böse Trieb, der zur Sünde führt „Jezer Hara".

Origenes (185 – 254 n.Chr.) berichtet, dass er von Juden erfahren hat, dass Adam auf dem Kalvarienberg (Golgotha) begraben worden war. Origenes verstärkt die Gegenüberstellung Adam – Jesus dadurch, dass er behauptet die Stelle, wo das Kreuz Christi errichtet wurde, sich genau über dem Grab Adams befindet.[20]

In der jüdischen Tradition ist die von Origenes zitierte Legende bis jetzt nicht aufgefunden worden. Demgegenüber wird in den Kapiteln 16 und 23 der apokryphen Schrift „Die Schatzhöhle" (im syrischen Original „Me'arath Gazze"),[21] die möglicherweise auf ein jüdisches Original zurückgeht, mitgeteilt, dass Methusalem, einer der Erzväter und ältester Mensch, der je auf Erden gelebt hat, eine Anweisung an Noah und dessen Nachkommen gegeben hat. Danach begraben Sem und Melchisedech viele Jahrhunderte später den Leichnam Adams in der Mitte der Erde, die im 4. und 5. Jahrhundert – aus dieser Zeit soll diese Schrift stammen – mit dem Kalvarienberg gleichgesetzt wurde. Die Legende besagt, dass „Sem und Melchisedech den Leichnam Adams (nahmen) und bei Nacht ihr Volk verließen. Da erschien ihnen der Engel des Herrn und ging vor ihnen her; ihr Weg war sehr leicht, weil sie der Engel des Herrn stärkte, bis sie an jenen Ort kamen. Als sie nun nach Golgatha, dem Mittelpunkt der Erde kamen, zeigte der Engel diesen Ort dem Sem. Als Sem den Leichnam unseren Vaters Adam oberhalb dieses Ortes niedergesetzt hatte, gingen vier Teile auseinander, und die Erde öffnete sich in Gestalt eines Kreuzes; da legten Sem und Melchisedech den Leichnam Adams hinein. Sobald sie ihn hineingelegt hatten, bewegten sich die vier Seiten und umschlossen den Leichnam unseres Vaters Adam.“[22]

Unterhalb des Kalvarienbergs befindet sich in der Grabeskirche in Jerusalem die griechisch-orthodoxe Adamskapelle. Hier soll der Schädel Adams gelegen haben. Die Legende besagt, dass das Blut Jesu durch Felsritzen auf den Schädel geflossen sei und so Adam von der Erbsünde befreit wurde. Ein Fels mit teilweise rötlicher Färbung, welcher neben der Adamskapelle zu sehen ist, soll diese Geschichte belegen.[23]

Abb. 2. Fra Angelico, Ausschnitt aus der Kreuzigung, Fresko in San Marco in Florenz: um 1437–1446, Florenz, Museo di San Marco.

Der Bildausschnitt der Kreuzigung des Freskos in San Marco in Florenz, datiert um 1437–1446, wurde von von Fra Angelico (ca. 1395 –1455), gemalt. Es bezeugt gleichfalls diese Legende. Zu bemerken ist, dass diese Legende eigenartigerweise nicht in der „Legenda aurea" von Jacobus de Voragine (um 1230–1298 n.Chr.) angeführt wird.

Auch im Judentum existiert der Begriff der erste und der zweite Adam. Dieser erste Adam wurde vom Kabbalisten Isaak Luria (1534 – 1572 n.Chr.) als Adam Kadmon konzipiert. Er soll als Urbild des Menschen verstanden werden, dessen Abbild der irdische Mensch ist. Der irdische Mensch aber verlor die drei Weisheiten, die den Adam Kadmon an die Seite Gottes stellen, nämlich die Weisheit, Herrlichkeit und Unsterblichkeit. Zu bemerken ist, dass die Kabbala eine Lehre innerhalb des Judentums darstellt, die nur von wenigen praktiziert und von vielen Juden abgelehnt wird.

10.13 Jesus als Logos

Philos Interpretation, der im Logos eine „zweite Gottheit" annahm, wurde schon erörtert.

Schon Paulus weist auf die mögliche Präexistenz Jesu hin: „Jesus Christus. Durch ihn ist alles," (1 Kor 8,6b.). Des Weiteren: „Der Erste Mensch stammt von der Erde und ist Erde (Adam – adamah hebr. Erde); der Zweite Mensch (Jesus) stammt vom Himmel." (1 Kor 15,47.).

Es ist nicht auszuschließen, dass Paulus die Schriften Philos kannte und daher vom Gedanken eines präexistenten Logos beeinflusst wurde. In den Evangelien nach Markus, Matthäus und Lukas ist kein Hinweis auf diesen tiefgreifenden Gedanken enthalten. Dies zeigt, wie örtlich und zeitlich uneinheitlich die Auffassungen der Lehre Jesu gewesen sind.

Da im Prolog des Evangeliums nach Johannes der Logos mit Jesus gleichgesetzt wurde, war es auch folgerichtig, dass die Präexistenz Jesu in die christliche Lehre Eingang gefunden hat: Deutlich ist diese Aussage in einem späteren deuteropaulinischen Brief:

„Er (Jesus) ist das Ebenbild des unsichtbaren Gottes, der Erstgeborene der ganzen Schöpfung. Denn in ihm wurde alles erschaffen im Himmel und auf Erden, das Sichtbare und das Unsichtbare, Throne und Herrschaften, Mächte und Gewalten; alles ist durch ihn und auf ihn hin geschaffen. Er ist vor aller Schöpfung, in ihm hat alles Bestand." (Kol 1,13,15ff.).

Im Johannesevangelium wird die Präexistenz Jesu, an mehreren Stellen hervorgehoben;

„Jesus sprach zu ihnen: Wahrlich, wahrlich, ich sage euch: Ehe Abraham wurde, bin ich." (Joh 8,58.).

„Vater, verherrliche du mich jetzt bei dir mit der Herrlichkeit, die ich bei dir hatte, bevor die Welt war." (Joh 17,5.).

„Sie sollen meine Herrlichkeit sehen, die du mir gegeben hast, weil du mich schon geliebt hast vor der Erschaffung der Welt." (Joh 17,24.).

Justin führt diese Ansicht weiter, wie aus dem Dialog mit Trypho 62,2ff zu ersehen ist: „Er (Gott) sagt: ‚Lasst uns den Menschen machen nach unserem Bilde und Gleichnisse! (Gen 1,26)." Justin wirft die Frage auf, ob dies ein Selbstgespräch Gottes war, und findet den Beweis für den Logos, an den diese Aufforderung gerichtet war im Folgenden: „so will ich noch andere Worte des Moses anführen, aus denen wir mit Sicherheit erkennen können, dass Gott zu jemandem gesprochen hat, der als verschieden von ihm, eigens gezählt wird, und der mit Vernunft ausgestattet ist. Die Worte lauten: „Gott sprach: Siehe, Adam ist geworden wie einer von uns, so dass er erkennt das Gute und das Böse." (Nach Gen 3,5.). Wenn er nun sagte ‚wie einer von uns', dann hat er eine Mehrzahl von solchen angegeben, die beisammen waren, und hat zum mindesten von zweien gesprochen. Vielmehr war der, welcher in der Tat vom Vater ausgegangen und vor allen Geschöpfen erzeugt war, bei dem Vater und zu ihm spricht der Vater, wie der Logos durch Salomo offenbart hat: „Sie geben der Kraft den Namen Logos, da sie den Menschen die Worte des Vaters übermittle." (Justin, Dialog mit dem Juden Trypho, 128, 2., bezugnehmend auf PsS 17, 42f.).

„Vor allen Geschöpfen als Anfang hat Gott aus sich eine vernünftige Kraft erzeugt, welche vom Heiligen Geiste auch Herrlichkeit des Herrn ein anderes Mal Sohn, dann Weisheit, bald Engel, bald Gott, bald Herr und Logos genannt wird... Alle Attribute kommen derselben nämlich zu, weil sie dem väterlichen Willen dient, und weil sie aus dem Vater durch das Wollen erzeugt worden ist." (Justin – Dialog mit dem Juden Trypho 61,1-6.).

Dieser Logos wurde dann noch poetischer von Clemens von Alexandria (um 150 – um 215 n.Chr.) in „Aus der Mahnrede an die Heiden" I.5 und 6 mit Jesus identifiziert. Er schließt diese Ausführungen mit den Worten: „Weil aber der Logos von Anfang an war, war und ist er der göttliche Anfang aller Dinge. Weil er aber jetzt den von alters her geheiligten und seiner Macht würdigen Namen Christus angenommen hat, habe ich ihn das neue Lied genannt." (I.6.5.).

10.14 Jesus als Gott

Aus jüdischer Sicht werden die folgenden Sätze als eine Huldigung an den König verstanden, Christen hingegen sehen hier eine Voraussage auf die Gottes-

sohnschaft Jesu. Für solche Voraussagen auf Jesus wurden vor allem die Königs-psalmen herangezogen: „Den Beschluss des Herrn will ich kundtun. Er sprach zu mir: «Mein Sohn bist du. Heute habe ich dich gezeugt." (Ps 2,7.).
Sowie:
„So spricht der Herr zu meinem Herrn: Setze dich mir zur Rechten, und ich lege dir deine Feinde als Schemel unter die Füße." (Ps 110,1.).[24]
Aber auch aus anderen Büchern der Hebräischen Bibel wurden ähnliche An-deutungen entdeckt. Z. B.: „...ich (Gott) werde seinem Königsthron ewigen Bestand verleihen. Ich will für ihn (Salomon) Vater sein, und er wird für mich Sohn sein." (2Sa 7,13b-14a.).

Schon Paulus scheint die Göttlichkeit Jesu in Erwägung gezogen haben, wie dies aus seiner Bemerkung im Brief an die Philipper 2,6. gefolgert werden kann. „Er war Gott gleich, hielt aber nicht daran fest, wie Gott zu sein, sondern er entäußerte sich und wurde wie ein Sklave und den Menschen gleich. Sein Leben war das eines Menschen; er erniedrigte sich und war gehorsam bis zum Tod, bis zum Tod am Kreuz. Darum hat ihn Gott über alle erhöht und ihm den Namen verliehen, der größer ist als alle Namen, damit alle im Himmel, auf der Erde und unter der Erde ihre Knie beugen vor dem Namen Jesu und jeder Mund bekennt: ‚Jesus Christus ist der Herr" – zur Ehre Gottes, des Vater.' "

Aus dem obigen Satz kann entnommen werden, dass die Proskynese zum Ri-tus der Verehrung Jesu gehört hat. Diesen Kniefall konnten Juden, die nicht an Jesus geglaubt haben, nicht nachvollziehen.

Eine Subordination Jesu wurde u.a. aus dem folgenden Satz Pauli abgeleitet:
„...so haben doch wir nur einen Gott, den Vater. Von ihm stammt alles, und wir leben auf ihn hin. Und einer ist der Herr: Jesus Christus. Durch ihn ist alles, und wir sind durch ihn". (1 Kor 8,6.). Diese Ansicht wurde im Nicänischen Glaubensbekenntnis (325 n.Chr.) klar gestellt: Unter dem Punkt 2 wird ange-führt: Wir glauben „an den Einen Herrn Jesus Christus, Gottes einziggeborenen Sohn. Er ist aus dem Vater geboren vor aller Zeit Gott von Gott, Licht vom Licht, wahrer Gott vom wahren Gott gezeugt, nicht geschaffen, wesenseins mit dem Vater."

Paulus sah keinen Grund dafür, dass er durch seine Lehre über die Natur Jesu, den jüdischen monotheistischen Glauben verlassen musste. Er betonte: „... da doch gilt: **Gott ist «der Eine»**. Er wird aufgrund des Glaubens sowohl die Be-schnittenen wie die Unbeschnittenen gerecht machen. Setzen wir nun durch den Glauben das Gesetz außer Kraft? Im Gegenteil, wir richten das Gesetz auf." (Röm 3,30f.).
Sowie:
„Denn aus ihm (Gott) und durch ihn und auf ihn hin ist die ganze Schöpfung. Ihm sei Ehre in Ewigkeit!" (Röm 11,36.).

Die Herrschaft des Sohnes ist nur bis an das Ende der Welt gedacht. Paulus betont seine monotheistische Ansicht, indem er am Weltende nur mehr Gott als einzigen, überirdischen Herrscher kommen sieht:

„Danach kommt das Ende, wenn er (Jesus) jede Macht, Gewalt und Kraft vernichtet hat und seine Herrschaft Gott, dem Vater, übergibt. Denn er muss herrschen, bis Gott ihm alle Feinde unter die Füße gelegt hat. Der letzte Feind, der entmachtet wird, ist der Tod. Sonst hätte er ihm nicht alles zu Füßen gelegt. Wenn es aber heißt, alles sei unterworfen, ist offenbar der ausgenommen, der ihm alles unterwirft. Wenn ihm dann alles unterworfen ist, wird auch er, der Sohn, sich dem unterwerfen, der ihm alles unterworfen hat, damit Gott herrscht über alles und in allem." (1 Kor 15,24-28.).

Aus dem folgenden Satz des Matthäusevangeliums ist eine Subordination Jesu gegenüber dem „Heiligen Geist" zu entnehmen:

„Auch dem, der etwas gegen den Menschensohn sagt, wird vergeben werden; wer aber etwas gegen den Heiligen Geist sagt, dem wird nicht vergeben, weder in dieser noch in der zukünftigen Welt." (Mt 12,32.).

Das folgende Zitat zeigt, dass auch im Matthäusevangelium die Ansicht einer gewissen Gottesnähe Jesu vertreten wird:

„Der Menschensohn wird seine Engel aussenden, und sie werden aus seinem Reich alle zusammenholen, die andere verführt und Gottes Gesetz übertreten haben." (Mt 13,41. Ähnlich mit Engeln: Mt 16,27.).

Im Johannesevangelium wird beinahe eine Gleichstellung Jesu mit Gott beschrieben:

„Auch richtet der Vater niemand, sondern er hat das Gericht ganz dem Sohn übertragen, damit alle den Sohn ehren, wie sie den Vater ehren. Wer den Sohn nicht ehrt, ehrt auch den Vater nicht, der ihn gesandt hat." (Joh 5,21ff.).

Gleichfalls:

„Thomas antwortete ihm (Jesus): Mein Herr und **mein Gott**!" (Joh 20,28.).

Diese Bezeichnung „Gott" kann als Ehrentitel verstanden werden, obwohl dieser Spruch später auch als Ergebnis einer göttlichen Eingebung gedeutet wurde.

Hätte der Evangelist schon Jesus als Gott erkannt, dann wäre das wohl auch an anderen Stellen seines Evangeliums zum Ausdruck gekommen und die Aussage in dem noch zu zitierenden 2.Clemensbrief gegenstandlos gewesen.

Im Hebräerbrief, wahrscheinlich zwischen 60 und 90 n.Chr. verfasst, wird der Name „Jesus", hebräisch „Jehoschua" (Gott ist Erlösung) als Beweis für seinen hohen himmlischen Rang angeführt:

„Viele Male und auf vielerlei Weise hat Gott einst zu den Vätern gesprochen durch die Propheten; in dieser Endzeit aber hat er zu uns gesprochen durch den Sohn, den er zum Erben des Alls eingesetzt und durch den er auch die Welt er-

schaffen hat; er ist der Abglanz seiner Herrlichkeit und das Abbild seines Wesens; er trägt das All durch sein machtvolles Wort, hat die Reinigung von den
Sünden bewirkt und sich dann zur Rechten der Majestät in der Höhe gesetzt; er
ist um so viel erhabener geworden als die Engel, wie der Name, den er geerbt
hat, ihren Namen überragt." (Heb1,1- 4.).

Diese angeführten Sätze zeigen, dass im 1. Jh. n.Chr. die Gottesnatur Christi
möglicherweise im Raum stand, aber noch nicht Bestandteil einer Christologie
war.

Erst im 2. Clemensbrief um 150 n.Chr. wird die Möglichkeit erwogen, Jesus
als Gott zu verehren:

„1. Brüder, wir müssen von Jesus Christus so denken wie von Gott, wie vom
Richter der Lebenden und Toten; und wir dürfen nicht gering denken von unserer Rettung."

11. Warum wurde Jesus gekreuzigt?

Aus dem folgenden Satz ergibt sich, dass es den Juden unter römischer Herrschaft nicht gestattet war ein Todesurteil zu fällen:
„Die Juden antworteten ihm (Pilatus): Uns ist es nicht gestattet, jemand hinzurichten." (Joh 18,31b.).
Die Kreuzigung wurde von den Römern nur bei Kapitalverbrechen vollzogen. Eines dieser Kapitalverbrechen war eine Auflehnung gegen den Kaiser, was im Fall Jesu durch seinen Anspruch auf den Titel eines Königs gegeben war. Wie Josephus Flavius (37 oder 38 – ca. 100 n.Chr.) erwähnt, haben die führenden Juden in den meisten Fällen, wenn ihre Glaubensgenossen vor einem römischen Gericht gestanden sind, zu deren Gunsten interveniert. Warum dies bei Jesus möglicherweise eher im gegenteiligen Sinne der Fall war, kann aus den Evangelien entnommen werden:
„Da beriefen die Hohepriester und die Pharisäer eine Versammlung des Hohen Rates ein. Sie sagten: Was sollen wir tun? Dieser Mensch tut viele Zeichen. Wenn wir ihn gewähren lassen, werden alle an ihn glauben. Dann werden die Römer kommen und uns die heilige Stätte und das Volk nehmen. Einer von ihnen, Kajaphas, der Hohepriester jenes Jahres, sagte zu ihnen: Ihr versteht überhaupt nichts. Ihr bedenkt nicht, dass es besser für euch ist, wenn ein einziger Mensch für das Volk stirbt, als wenn das ganze Volk zugrunde geht." (Joh 11,47-50.).
Mit Recht kann nunmehr die Frage gestellt werden, wieso Jesus für das „zugrunde gehen" des Volkes verantwortlich gemacht werden konnte. Aus der Apostelgeschichte ist dazu die folgende Antwort zu entnehmen:
„Vor einiger Zeit nämlich trat Theudas auf (Josephus Flavius, Jüdische Altertümer 20,5,1.) und behauptete, er sei etwas Besonderes. Ihm schlossen sich etwa vierhundert Männer an. Aber er wurde getötet, und sein ganzer Anhang wurde zerstreut und aufgerieben. Nach ihm trat in den Tagen der Volkszählung Judas, der Galiläer, auf; (ebenfalls bei Josephus Flavius, Jüdische Altertümer XVIII,4-9.) er brachte viel Volk hinter sich und verleitete es zum Aufruhr. Auch er kam um, und alle seine Anhänger wurden zerstreut. (Apg 5,36f.). Josephus Flavius erwähnt in seinem Werk „Jüdischer Krieg II, 17,8f, noch Menachem, Sohn des Judas aus Galiläa, der als Messias auftrat und gleichfalls mit seinen Gefährten im Kampf gegen die Römer eine Niederlage erlitt.

Der Hohe Rat scheint befürchtet zu haben, dass der Anspruch Jesu, der Messias zu sein, gleichfalls in einen Aufruhr gegen die Römer münden könnte und deshalb nicht zu seinen Gunsten bei Pilatus intervenierte. Pilatus hat vermutlich wegen des messianischen Anspruchs Jesu, der mit dem Königstitel verbunden war, das für ein Kapitalverbrechen angemessene Todesurteil gefällt.

Die Evangelisten wollten die Römer möglichst von Ihrer Schuld entlasten und diese den Juden zuschieben. Diese Annahme ist wahrscheinlich deshalb zutreffend, weil es den Christen daran gelegen gewesen sein konnte, ein möglichst gutes Einvernehmen mit den herrschenden Römern zu erlangen.

Völlig unwahrscheinlich ist die in allen vier Evangelien berichtete Geste Pilatus, der es dem Volk überließ, zwischen der Hinrichtung Barabbas und Jesus zu wählen, um Jesus zu retten: „Jeweils zum Fest pflegte der Statthalter einen Gefangenen freizulassen, den sich das Volk auswählen konnte." (Mt 27,15: ebenfalls: Mk 15,6; Lk 23,18; Joh 18,39.).

Laut den Berichten der Evangelien sollte diese Wahl nicht eine einmalige, sondern eine jährlich wiederkehrende gewesen sein. Wenn dies historisch glaubhaft wäre, dann hätte es auf dieses Verfahren, entweder in den jüdischen oder in den römischen Schriften, irgendeinen Hinweis gegeben. Obwohl viele danach geforscht haben, wurde nicht einmal ein schwacher Hinweis gefunden, der diese Tradition bezeugt hätte.

Durch die Kreuzigung des „Messias" war auch die Gefahr gebannt, dass einer der Anhänger Jesu, ohne einen charismatischen „Messias Titel", einen Aufstand anzetteln würde. Deshalb wurden die Apostel nach der Hinrichtung Jesu nicht verfolgt.

12. Die christliche Rechtfertigungen für die Kreuzigung Jesu

Für die Anhänger Jesu, die ihn als den Messias verehrten, war dessen Kreuzigung eine unerklärliche Entwicklung. Die Kunde von seiner Auferstehung und von seiner Aufnahme in den Himmel, sowie die Zusage seiner Wiederkunft waren aber kraftvolle Beweise für die Gläubigen, dass Jesus der erwartete Messias ist. Vor allem auch deshalb, weil in der Hebräischen Bibel, beim Propheten Jesaja, Weissagungen vorhanden waren, die auf das Schicksal Jesu gedeutet werden konnten. Es handelt sich um die Lieder vom Gottesknecht, die nach jüdischer Auffassung das Schicksal des Volkes Israel symbolisieren:

„Er wurde verachtet und von den Menschen gemieden, ein Mann voller Schmerzen, mit Krankheit vertraut. Wie einer, vor dem man das Gesicht verhüllt, war er verachtet; wir schätzten ihn nicht. Aber er hat unsere Krankheit getragen und unsere Schmerzen auf sich geladen. Wir meinten, er sei von Gott geschlagen, von ihm getroffen und gebeugt. Doch er wurde durchbohrt (siehe die Auslegung des Wortes „חָלַל‎, Seite 79) wegen unserer Verbrechen, wegen unserer Sünden zermalmt. Zu unserem Heil lag die Strafe auf ihm, durch seine Wunden sind wir geheilt. … Doch der Herr lud auf ihn die Schuld von uns allen. Er wurde misshandelt und niedergedrückt, … Durch Haft und Gericht wurde er dahingerafft, doch wen kümmerte sein Geschick? Er wurde vom Land der Lebenden abgeschnitten und wegen der Verbrechen seines Volkes zu Tode getroffen. Bei den Ruchlosen gab man ihm sein Grab, bei den Verbrechern seine Ruhestätte, obwohl er kein Unrecht getan hat und kein trügerisches Wort in seinem Mund war. Doch der Herr fand Gefallen an seinem zerschlagenen (Knecht), er rettete den, der sein Leben als Sühnopfer hingab. Er wird Nachkommen sehen und lange leben. Der Plan des Herrn wird durch ihn gelingen." (Jes 53, 3 -10.).

In einer späteren Phase, dessen Ursprung nicht feststellbar ist, wurde von den Schriftgelehrten der zitierte Abschnitt auf den Messias ben Ephraim oder ben Josef gedeutet. Dieser Messias soll den Tod erleiden und den Weg für den Messias ben David, der die endgültige Erlösung bringt, vorbereiten. Es wäre möglich, dass diese Auffassung über einen zweiten Messias durch die Passion Jesu beeinflusst worden ist, obwohl hierfür der Tod des ebenfalls als Messias betrachteten Bar Kochba, der die Revolution 132 bis 135 n.Chr. anführte, in erster Linie in Betracht gezogen wird.

Der Evangelist Johannes fasste die von ihm geschilderte Passion Jesu mit folgenden Worten zusammen „Diese aber sind aufgeschrieben, damit ihr glaubt, dass Jesus der Messias ist, der Sohn Gottes, und damit ihr durch den Glauben das Leben habt in seinem Namen." (Joh 20,31.).

13. Die Auferstehung Jesu

„Als er das gesagt hatte, wurde er vor ihren Augen emporgehoben, und eine Wolke nahm ihn auf und entzog ihn ihren Blicken. Während sie unverwandt ihm nach zum Himmel emporschauten, standen plötzlich zwei Männer in weißen Gewändern bei ihnen und sagten: Ihr Männer von Galiläa, was steht ihr da und schaut zum Himmel empor? Dieser Jesus, der von euch ging und in den Himmel aufgenommen wurde, wird ebenso wiederkommen, wie ihr ihn habt zum Himmel hingehen sehen." (Apg 1,9ff.).

„Und während er sie segnete, verließ er sie und wurde zum Himmel emporgehoben. (Lk 24,51.).

Der in Apg 1,9ff und in Lk erwähnte Aufstieg Jesu in den Himmel ist mit anderen „Himmelfahrten", wie von Elija im Wirbelsturm (2 Kön 2,11.) oder die Entrückung Paulus, nicht vergleichbar, da es sich bei Jesus um einen Toten handelt, der auferstanden ist. Paulus beschreibt selber seine Entrückung und seine Wiederkehr: „Ich muß mich ja rühmen; zwar nützt es nichts, trotzdem will ich jetzt von Erscheinungen und Offenbarungen sprechen, die mir der Herr geschenkt hat. Ich kenne jemand, einen Diener Christi, der vor vierzehn Jahren bis in den dritten Himmel entrückt wurde; ich weiß allerdings nicht, ob es mit dem Leib oder ohne den Leib geschah, nur Gott weiß es. Und ich weiß, dass dieser Mensch in das Paradies entrückt wurde; ob es mit dem Leib oder ohne den Leib geschah, weiß ich nicht, nur Gott weiß es. Er hörte unsagbare Worte, die ein Mensch nicht aussprechen kann." (2 Kor 12,1ff.).

Justin beruft sich auf die griechische Mythologie, um den Heiden mit Parallelen die Aufnahme Jesu in den Himmel näherzubringen und ihnen gleichzeitig die höhere Ethik der christlichen Lehre vor Augen zu führen:

„Wenn wir aber weiterhin behaupten, der Logos, welcher Gottes erste Hervorbringung ist, sei ohne Beiwohnung gezeugt worden, nämlich Jesus Christus, unser Lehrer, und er sei gekreuzigt worden, gestorben, wieder auferstanden und in den Himmel aufgestiegen, so bringen wir im Vergleich mit euren Zeussöhnen nichts Befremdliches vor. Denn wie viele Zeussöhne die bei euch hochgeschätzten Schriftsteller aufführen, wisst ihr wohl; so den Hermes, den erklärenden Vernunftgeist und Lehrer aller, dann den Asklepios, der Arzt gewesen, vom Blitz erschlagen und in den Himmel aufgefahren sei; ferner den Dionysos, nachdem er zerrissen worden war, ...Und was von den unter euch dahinsterbenden Herrschern, die ihr immer für wert haltet, unter die Unsterblichen versetzt zu werden, so dass ihr einen vorführt, der schwört, er habe den verbrannten Kaiser vom Scheiterhaufen zum Himmel auffahren sehen? Und was das für Taten sind, die von einem jeden der sogenannten Zeussöhne erzählt werden, braucht vor Wissenden nicht dargelegt zu werden. Nur das sei erwähnt, dass derartige Dinge zu Nutz und Frommen der heranwachsenden Jugend aufgeschrieben sind; denn alle halten es für schön, die Götter nachzuahmen. Fern aber sei dem gesunden Sinne eine derartige Vorstellung von den Göttern, die annimmt, dass sogar Zeus, das Haupt und der Erzeuger aller Götter, ein Vatermörder sei und auch von einem solchen herstamme, dass er schlechter und schimpflicher Liebeslust erlegen, zu Ganymed und all den vielen Weibern zur Buhlschaft hinabgestiegen sei und dass auch seine Söhne es ebenso getrieben hätten. Aber, wie ich schon sagte, in Wahrheit haben die bösen Dämonen dieses getan. (Diese Aussage Paulus wider sein besseres Wissen diente dazu, die Heiden nicht allzu sehr bloß zu stellen.) Zur seligen Unsterblichkeit aber gelangen nach unserer Lehre nur die, welche in heiligem und tugendhaftem Leben Gott nahe kommen; wer aber ungerecht lebt und sich nicht bekehrt, der wird gemäß unserem Glauben in ewigem Feuer gestraft." (Erste Apologie, 21.).

14. Die Erklärung für die Auferstehung Jesu

„Der König Herodes hörte von Jesus; denn sein Name war bekannt geworden, und man sagte: Johannes der Täufer ist von den Toten auferstanden; deshalb wirken solche Kräfte in ihm. Andere sagten: Er ist Elija. Wieder andere: Er ist ein Prophet, wie einer von den alten Propheten. Als aber Herodes von ihm hörte, sagte er: Johannes, den ich enthaupten ließ, ist auferstanden." (Mk 6,14ff.).

Im 1.Jh. n.Chr. war die Ansicht über die Entrückung Mose verbreitet („Die Himmelfahrt des Mose"). Es ist möglich, dass über andere Propheten Ähnliches berichtet worden ist und die Schriften, die über solche Auferstehungen berichten, nicht erhalten geblieben sind.

Es scheint daher, dass im 1. Jh. n.Chr. der Glaube an eine Auferstehung oder genauer an eine Himmelfahrt verbreitet war.

Die im Johannesevangelium zugesicherte Wiederkunft Jesu ist mit dem Heiligen Geist verbunden, der bis zu seiner Wiederkunft die Aufgabe hat über die Christen zu wachen. Deshalb sind Aussagen, die unter Berufung auf den Heiligen Geist erfolgen, von besonderer Bedeutung:

„Und ich werde den Vater bitten, und er wird euch einen anderen Beistand geben, der für immer bei euch bleiben soll." (Joh 14,16.).

„Der Beistand aber, der Heilige Geist den der Vater in meinem Namen senden wird, der wird euch alles lehren und euch an alles erinnern, was ich euch gesagt habe." (Joh 14,26.).

„Ich werde euch nicht als Waisen zurücklassen, sondern ich komme wieder zu euch. Nur noch kurze Zeit, und die Welt sieht mich nicht mehr; ihr aber seht mich, weil ich lebe und weil auch ihr leben werdet. An jenem Tag werdet ihr erkennen: Ich bin in meinem Vater, ihr seid in mir und ich bin in euch." (Joh 14,18ff.). Dies bedeutet, dass mit der Wiederkehr Jesu, seine Jünger selig sein werden.

15. Die Auferstehung der Toten

Die Auferstehung der Toten ist ein integraler Bestandteil des Glaubens nicht nur des Christentums, sondern schon vorher des Judentums.

Im Judentum galt ursprünglich die Einheit des Menschen, d.h. die Seele wurde nicht losgelöst vom Körper begriffen. Z.B. Gen 2,7. „Da formte Gott, der Herr, den Menschen aus Erde vom Ackerboden und blies in seine Nase den Lebensatem. So wurde der Mensch zu einem lebendigen Wesen." In der Hebräischen Bibel scheint an gewissen Stellen das Wort „Seele" auf und zwar unabhängig vom Wort „Herz", das zumeist den Körper bedeutet. In diesen Fällen bezieht sich die „Seele" auf die Gefühle des Menschen oder auf den ganzen Menschen.[25]

Im stoischen Denken, das, wie schon geschildert, einen Einfluss auf das Judentum vom 3. Jh. v.Chr. an hatte, war der Unterschied zwischen Materie und Seele nur ein relativer. Die Seele ist, nach dieser Auffassung, nur ein feinteiliger Körper von feuerähnlicher Substanz.[26] Dies kommt der jüdischen Auffassung nahe, die der Seele ebenfalls eine materielle Substanz verleiht.

Eine Auferstehung des Körpers mit Seele können aus folgenden Sätzen der Hebräischen Bibel entnommen werden:

„Kommt, wir kehren zum Herrn zurück! Denn er hat (Wunden) gerissen, er wird uns auch heilen; er hat verwundet, er wird auch verbinden. Nach zwei Tagen gibt er uns das Leben zurück, am dritten Tag richtet er uns wieder auf, und wir leben vor seinem Angesicht." (Hos 6,1f.).

Dieser Weissagung entsprechend hat Jesus seine Auferstehung drei Tage nach seinem Tod vorausgesagt: „Am nächsten Tag gingen die Hohepriester und die Pharisäer gemeinsam zu Pilatus; es war der Tag nach dem Rüsttag. Sie sagten: Herr, es fiel uns ein, dass dieser Betrüger, als er noch lebte, behauptet hat: Ich werde nach drei Tagen auferstehen." (Mt 27,62f.).

Weitere Hinweise auf die Auferstehung der Toten wurden aus folgenden Zitaten der Bücher Jesaja und Daniel aus der Hebräischen Bibel, gefolgert:

„Er beseitigt den Tod für immer. Gott, der Herr, wischt die Tränen ab von jedem Gesicht. Auf der ganzen Erde nimmt er von seinem Volk die Schande hinweg. Ja, der Herr hat gesprochen. An jenem Tag wird man sagen: ‚Seht, das ist unser Gott, auf ihn haben wir unsere Hoffnung gesetzt, er wird uns retten. Das ist der Herr, auf ihn setzen wir unsere Hoffnung. Wir wollen jubeln und uns freuen über seine rettende Tat."' (Jes 25,8f.).

„Deine Toten werden leben, die Leichen stehen wieder auf; wer in der Erde liegt, wird erwachen und jubeln. Denn der Tau, den du sendest, ist ein Tau des Lichts; die Erde gibt die Toten heraus." (Jes 26,19.).

Dieses Zitat begründet das jüdische Verbot der Einäscherung der Toten.

„Von denen, die im Land des Staubes schlafen, werden viele erwachen, die einen zum ewigen Leben, die anderen zur Schmach, zu ewigem Abscheu. Die Verständigen werden strahlen, wie der Himmel strahlt; und die Männer, die viele zum rechten Tun geführt haben, werden immer und ewig wie die Sterne leuchten." (Dan 12,2f.).

Hier ist eine Andeutung für Himmel und Hölle gegeben. Ursprünglich war die hebräische Bezeichnung Gehinom für Hölle, ein Ortsname im biblischen Juda. In der hellenistischen Epoche wurde der Name in prophetischen Texten (Jeremias 7,30–8,3 und in den pseudepigraphischen Werken 1 Henoch, 4. Buch Esra und in den Sibyllinischen Orakeln) auf ein Ort übertragen, der der Hölle gleichkam.

Die Seele kann sich gemäß der folgenden apokalyptischen Schriften vom Körper vorübergehend lösen: In einer Apokalypse, die sich mit dem Schicksal der Toten beschäftigt, nämlich in der Apokalypse von Zefanja wird beschrieben, wie Zefanjas Seele seinen Körper verlässt, um den Weg verfolgen zu können, den die Seelen der Toten zurückzulegen haben. Nach der Vision kehrt seine Seele wieder in den Körper zurück, damit er über seine Reise berichten kann.[27] Richard Bauckham vermutet, dass die Apokalypse Zefanja noch aus vorchristlicher Zeit stammt.[28]

In der „Apokalypse Abrahams"[29] wird die Auferstehung nicht erwähnt. Allerdings sind zwei Arten von Restauration angeführt: Eine apokalyptische Wiederherstellung der Erde am Ende der Zeiten und eine des Garten Edens als himmlisches Paradies, wohin die Gerechten nach ihrem Tod gelangen. (29,15-18.).[30]

Im 4. Buch der Orakeln der Sibylle[31] (181-191 n.Chr.) wird für die Frommen eine leibliche Auferstehung in dieser Welt verkündet, die „alle einander sehen werden".

Aus obigen Darstellungen ergibt sich das, was Gerhard Lohfink folgendermaßen zusammenfasst: In der jüdischen Apokalyptik ist ein Leben außerhalb des Leibes, entsprechend der alttestamentlichen Anthropologie kaum möglich.[32]

Philo unterscheidet zwischen einem legitimen und einem illegitimen Aufstieg der Seele. Legitim ist der Aufstieg der Seelen des jüdischen Volkes, insbesondere der Seele Mose, illegitim war der versuchte Einbruch in den Himmel durch den Bau des Turmes von Babel oder auch die Apotheose des Kaisers Gaius Caligula.[33]

Josephus Flavius hat die Unsterblichkeit der Seele als ethisch neutrale, ihr inhärente Eigenschaft verstanden. „…auch so schön wäre, um des väterlichen Gesetzes willen sein Leben hinzugeben. Denn die Seelen derer, die einen solchen Tod nähmen, seien wahrhaft unsterblich, und von ewiger Dauer sei auch ihr seliges Empfinden, während die gemeinen Seelen und alle jene, welche da unbekannt mit der Weisheit der Schriftgelehrten zum unwissenden Haufen gehörten, feige am Leben hingen und den Tod im Bette dem Tode der Wackeren vorzögen." (Jüdische Krieg.I, 33,650.).

In der Jotapata-Rede, als ein Teil seiner Mannschaft den Selbstmord einer Gefangenschaft durch die Römer vorziehen wollten, meinte er, dass die Seele nicht nur unsterblich, sondern ein Teil Gottes ist, der Wohnung im Menschenleib genommen hat. Er schreibt in seinem Werk „Der Jüdische Krieg" III,8,5: „Denn alle haben wir einen sterblichen Leib, der aus vergänglichem Stoff gebildet ist, die Seele aber ist immer unsterblich und wohnt als ein Teil Gottes in unserem Leib." Und diejenigen, die den Heldentod erleiden, erhalten die Unsterblichkeit: „... sei es doch ehrenvoll für das Gesetz der Väter zu sterben. Denn welche ein solches Ende nähmen, deren Seele werde unsterblich sein und ewige Glückseligkeit genießen ..." (I 33,2). Seine Auffassung über die körperliche Auferstehung ist eigentlich eine Seelenwanderung, wie sich dies aus dem Zusammenhang ergibt. Er hat dies in seinem Werk „Jüdische Altertümer" dokumentiert: „Sie (die Pharisäer[34]) glauben auch, dass die Seelen unsterblich sind und dass dieselben, je nachdem der Mensch tugendhaft oder lasterhaft gewesen, unter der Erde Lohn oder Strafe erhalten, sodass die Lasterhaften in ewiger Kerkerhaft schmachten müssen, während die Tugendhaften die Macht erhalten ins Leben zurückzukehren". (Jüdische Altertümer XVIII,1,3.).

In seiner Rede in Jotpata, stellt Josephus die rhetorische Frage: „Sollen wir denn das, was am innigsten miteinander verbunden ist, nämlich Leib und Seele, voneinander trennen?" (Der Jüdischer Krieg III,8,5). Dazu schreibt Hans Cavallin: „Es ist jedenfalls ganz deutlich, dass die Trennung von Leib und Seele hier im scharfen Gegensatz zur platonischen Anschauung als Strafe verstanden wird."[35] Dies entspricht auch der rabbinischen Anschauung.[36] Auch aus diesem Grund könnte die Übernahme der Seelenvorstellung aus dem Hellenismus erleichtert worden sein.

Im „Jüdischen Krieg" II.154 (11.) schreibt Josephus: „Es besteht nämlich bei ihnen (Essener) die unerschütterliche Überzeugung, dass zwar ihr Leib dem Zerfalle ausgesetzt, und der körperliche Stoff etwas Vergängliches sei, dass aber die Seele, weil unsterblich, immer fortbestehe, da sie eigentlich aus dem feinsten Äther hervorgegangen und nur infolge eines elementaren Zaubers zum Körper herabgezogen und von ihm jetzt, wie von einem Kerker, umschlossen sei." „Würde sie nun einmal wieder aus den Fesseln des Fleisches losgelassen, so schwebe sie alsdann jubelnd, wie einer langen Knechtschaft entronnen, in die Höhe empor." (155,1).

Im 2.Jh. v.Chr. wird in einer der Qumran Schriften eine körperliche Auferstehung für alle erwartet. (4Q521, col 2,12.). In folgenden Zitaten, ebenfalls aus dieser Zeit, soll die Auferstehung nur den Gerechten zu Teil werden:

„Von denen, die im Land des Staubes schlafen, werden viele erwachen, die einen zum ewigen Leben, die anderen zur Schmach, zu ewigem Abscheu. Die Verständigen werden strahlen, wie der Himmel strahlt; und die Männer, die viele zum rechten Tun geführt haben, werden immer und ewig wie die Sterne leuchten." (Dan 12,2f.).

„Dieser sagte, als er dem Ende nahe war: Gott hat uns die Hoffnung gegeben, dass er uns wieder auferweckt. Darauf warten wir gern, wenn wir von Menschenhand sterben. Für dich aber gibt es keine Auferstehung zum Leben." (2Makk 7,14.). Dieses Zitat ist aus einer Legende entnommen, wonach der syrische König Antiochus IV. Epiphanes eine jüdische Mutter und deren sieben Söhne zum Abfall vom Judentum bewegen wollte, indem er sie zu Tode foltern ließ. Die oben angeführten Worte hat der vierte Sohn dem König gesagt. Das nichtkanonische Buch 2 Makkabäer wurde um 124 v.Chr verfasst.[37]

Paulus beschränkt die Auferstehung nur auf die Christen: „Nun aber ist Christus von den Toten auferweckt worden als der Erste der Entschlafenen. Da nämlich durch einen Menschen der Tod gekommen ist, kommt durch einen Menschen auch die Auferstehung der Toten. Denn wie in Adam alle sterben, so werden in Christus alle lebendig gemacht werden. Es gibt aber eine bestimmte Reihenfolge: Erster ist Christus; dann folgen, wenn Christus kommt, alle, die zu ihm gehören." (1 Kor 15, 20-23.).

Der Evangelist Lukas, von dem angenommen wird, dass er der Autor der Apostelgeschichte ist, lehrt die Auferstehung aller:

„Das allerdings bekenne ich dir: Dem (neuen) Weg entsprechend, den sie eine Sekte nennen, diene ich dem Gott meiner Väter. Ich glaube an alles, was im Gesetz und in den Propheten steht, und ich habe dieselbe Hoffnung auf Gott, die auch diese hier haben: dass es eine Auferstehung der Gerechten und Ungerechten geben wird." (Apg 24,14f.).

Markus und Lukas berufen sich bei der Schilderung der Lehre über die Auferstehung der Toten auf die Hebräische Bibel:

„Dass aber die Toten auferstehen, hat schon Mose in der Geschichte vom Dornbusch angedeutet, in der er den Herrn den Gott Abrahams, den Gott Isaaks und den Gott Jakobs nennt. Er ist doch kein Gott von Toten, sondern von Lebenden; denn für ihn sind alle lebendig." (Mk 12,26; Lk 20,37.).

Die von Jesus, als Messias, erwarteten Ereignisse, wie die nationale Unabhängigkeit und der ewige Friede, die von den Propheten vorausgesagt worden waren, sind nicht eingetreten. Wegen dieser enttäuschten Erwartungen und um die Ansicht über die Messianität Jesu nicht in Zweifel zu ziehen, vertrat man die Auffassung, dass die Vollendung des messianischen Werkes erst nach Jesu Wiederkehr erfolgen wird. In Israel wurde schon vom Propheten Maleachi eine solche Wiederkehr eines heiligen Mannes vorausgesagt: „Bevor aber der Tag des Herrn kommt, der große und furchtbare Tag, seht, da sende ich zu euch den Propheten Elija." (Mal 3,23.).

Mit der Wiederkehr Jesu ist auch die Hoffnung aller Christen auf ihr Weiterleben in der Nähe Gottes verbunden:

„Wenn ich gegangen bin und einen Platz für euch vorbereitet habe, **komme ich wieder** und werde euch zu mir holen, damit auch ihr dort seid, wo ich bin." (Joh 14,3.).

16. Die Naherwartung der Wiederkunft Jesu

Wie die nächsten Zitate aus dem Neuen Testament zeigen, wurde von den Anhängern Jesu eine unmittelbar eintretende Wiederkehr erwartet: „Denn dies sagen wir euch nach einem Wort des Herrn: Wir, die Lebenden, die noch übrig sind, wenn der Herr kommt, werden den Verstorbenen nichts voraushaben. Denn der Herr selbst wird vom Himmel herabkommen, wenn der Befehl ergeht, der Erzengel ruft und die Posaune Gottes erschallt. Zuerst werden die in Christus Verstorbenen auferstehen; dann werden wir, die Lebenden, die noch übrig sind, zugleich mit ihnen auf den Wolken in die Luft entrückt, dem Herrn entgegen. Dann werden wir immer beim Herrn sein." (1 Thess 4,15ff.).

Sowie: „Amen, ich sage euch: Von denen, die hier stehen, werden einige den Tod nicht erleiden, bis sie den Menschensohn in seiner königlichen Macht kommen sehen." (Mt 16,28.).

Aus dem obigen, älteren Spruch, ist zu entnehmen, dass die zu erwartende Auferstehung Jesu noch mit Gewissheit vorgetragen wurde. Der folgende Spruch zeigt eine Änderung der Überzeugung, dass Jesus gleich wiederkommen wird, indem nunmehr eine Bitte an Jesus gerichtet wurde: „Unser Herr, komm!".

So kann aus der Verwendung eines aramäischen Ausdruckes für die Wiederkehr Jesu in einem Schreiben Pauli, gerichtet an die griechisch sprechenden Anhänger Jesu in Korinth, entnommen werden, dass der folgende Spruch schon vor dem von Paulus verfassten ersten Brief an die Korinther von der jüdisch-christlichen Gemeinde in Jerusalem geprägt worden war: „Marana tha – Unser Herr, komm!" (1 Kor 16,22b.). Diese aramäische Einfügung in den originalen griechischen Text zeigt, dass dieser Ausdruck aus der Zeit nach Jesus Kreuzigung entstand und in der kleinasiatischen und palästinensischen christlichen Gemeinden ein Kurzgebet war. In diesen Gebieten war Aramäisch die lingua franca.

Im gleichen Sinne steht in der Offenbarung Johannes: „Er, der dies bezeugt, spricht: Ja, ich komme bald. – Amen. Komm, Herr Jesus!" (Offb 22,20.).

Auch aus dem folgenden Satz könnte entnommen werden, dass an der Naherwartung Zweifeln aufgetaucht sind: „Wenn aber der Knecht schlecht ist und denkt: Mein Herr kommt noch lange nicht!, und anfängt, seine Mitknechte zu schlagen, wenn er mit Trinkern Gelage feiert, dann wird der Herr an einem Tag kommen, an dem der Knecht es nicht erwartet, und zu einer Stunde, die er nicht kennt; und der Herr wird ihn in Stücke hauen und ihm seinen Platz unter den Heuchlern zuweisen. Dort wird er heulen und mit den Zähnen knirschen." (Mt 24,48-51.).

17. Die Verzögerung der Wiederkunft Jesu

Der nachfolgende Satz weist auf einen apokalyptischen Einfluss hin. Hier wird die Auffassung vertreten, dass zuerst eine kosmische Naturkatastrophe über die Welt hereinbrechen und dann erst die Auferstehung aller zum Gericht erfolgen wird:

„Der jetzige Himmel aber und die jetzige Erde sind durch dasselbe Wort für das Feuer aufgespart worden. Sie werden bewahrt bis zum Tag des Gerichts, an dem die Gottlosen zugrunde gehen." (2Pet 3,7ff.).

Die gängigste Erklärung für das Ausbleiben der Wiederkunft Jesu ist die folgende:

„Das eine aber, liebe Brüder, dürft ihr nicht übersehen: dass beim Herrn ein Tag wie tausend Jahre und tausend Jahre wie ein Tag sind. Der Herr zögert nicht mit der Erfüllung der Verheißung, wie einige meinen, die von Verzögerung reden; er ist nur geduldig mit euch, weil er nicht will, dass jemand zugrunde geht, sondern dass alle sich bekehren." (2Pet 3,8.). Ebenfalls: „Er sagte zu ihnen: Euch steht es nicht zu, Zeiten und Fristen zu erfahren, die der Vater in seiner Macht festgesetzt hat." (Apg 1,7.).

Die katholische Kirche stellt in ihrem Kompendium des Katechismus der Katholischen Kirche aus dem Jahre 2003 ausdrücklich den Zusammenhang zwischen Parusie und Letztem Gericht her: „Das Letzte (allgemeine) Gericht wird im Urteil zum seligen Leben oder zur ewigen Verdammnis bestehen. Wenn Jesus Christus als Richter der Lebenden und der Toten wiederkommt, wird er über die „Gerechten und Ungerechten" (Apg 24, 15), die alle vor ihm versammelt sein werden, dieses Urteil aussprechen. Im Anschluss an das Letzte Gericht wird der auferstandene Leib Anteil erhalten an der Vergeltung, welche die Seele im besonderen Gericht erhalten hat. (1038-1041 Kompendium des Katechismus der Katholischen Kirche).

„Dieses Gericht wird am Ende der Welt stattfinden, dessen Tag und Stunde Gott allein kennt." (1040. Kompendium des Katechismus der Katholischen Kirche).

18. Die Erlösung

Dieser Ausdruck wird in der Hebräischen Bibel in vielfachem Sinne gebraucht: Z. B. in Ex 6,6. bedeutet die Erlösung die Befreiung aus der ägyptischen Gefangenschaft. In Ps 25,22 heißt es: „O Gott, **erlöse** Israel aus all seinen Nöten!". Im Ps 30,3-6 ist die Erlösung auf eine individuelle Notlage bezogen: „Wende dein Ohr mir zu, **erlöse** mich bald! Sei mir ein schützender Fels, eine feste Burg, die mich rettet. Denn du bist mein Fels und meine Burg; um deines Namens willen wirst du mich führen und leiten. Du wirst mich befreien aus dem Netz, das sie mir heimlich legten; denn du bist meine Zuflucht. In deine Hände lege ich voll Vertrauen meinen Geist; du hast mich **erlöst**, Herr, du treuer Gott."

Im Ps 69,19 wird die Erlösung von Feinden erbeten: „Sei mir nah, und **erlöse** mich! Befrei mich meinen Feinden zum Trotz!" Im Ps 130,8 erhält der Begriff „Erlösung" eine neue Deutung: Es wird hier die Erwartung ausgesprochen, dass Gott „Israel erlösen (wird) von all seinen Sünden."

Diese Erlösung von den Strafen, die begangene Sünden nach sich ziehen, wird in Israel zuerst durch Opfergaben herbeigeführt, wobei für die Entsühnung je nach Delikt unterschiedliche Opfergaben zu leisten waren.

Als Beispiel soll folgender Satz dienen: „Als Schuldopfer für seine begangene Verfehlung soll er dann ein weibliches Stück Kleinvieh, ein Schaf oder eine Ziege, vor den Herrn als Sündopfer bringen, und der Priester soll ihn entsühnen und so von seiner Verfehlung lösen." (Lev 5,6.). Es ist in diesem Satz eine wesentliche Aussage enthalten, nämlich, dass die Entsühnung nicht unmittelbar durch Gott, sondern durch den Priester erfolgte.

Im Buch Daniel erfolgt die Entsühnung durch Reue, da sich die Verfehlung in Babylon zugetragen hat und es daher wegen der Entfernung nicht möglich war, im Tempel von Jerusalem Schlachtopfer darzubringen: „Du aber nimm uns an! Wir kommen mit zerknirschtem Herzen und demütigem Sinn. Wie Brandopfer von Widdern und Stieren, wie Tausende fetter Lämmer, so gelte heute unser Opfer vor dir und verschaffe uns bei dir Sühne." (Dan 3,39f.).

Eine Entsühnung unmittelbar durch Gott, mittels des Glaubens an Gott und einer Liebe zu Gott, belegen die folgenden Stellen: „Doch (König) Hiskija betete für sie und sagte: Der Herr, der Gütige, entsühne jeden, der seinen Sinn darauf richtet, den Herrn, den Gott seiner Väter, zu suchen," (2Chron 30,18b.). „Denn die Liebe zum Vater wird nicht vergessen, sie wird als Sühne für deine Sünden eingetragen. Zur Zeit der Bedrängnis wird sie dir vergolten werden; sie lässt deine Sünden schmelzen wie Wärme den Reif." (Sir 3,14f.).

In der Apostelgeschichte wird diese Ansicht auf Jesus bezogen:

„Von ihm bezeugen alle Propheten, dass jeder, der an ihn glaubt, durch seinen Namen die Vergebung der Sünden empfängt." (Apg 10,43.).

Ein weiteres Beispiel:

„Ich will dich vor dem Volk und den Heiden retten, zu denen ich dich sende, um ihnen die Augen zu öffnen. Denn sie sollen sich von der Finsternis zum Licht und von der Macht des Satans zu Gott bekehren und sollen durch den Glauben an mich die Vergebung der Sünden empfangen und mit den Geheiligten am Erbe teilhaben." (Apg 26,17f.).

Der Bericht der Evangelien über Johannes den Täufer und seine Lehre zur Entsühnung ist unter Berücksichtigung der zitierten Aussagen der Hebräischen Bibel als eine Weiterführung dieser Ansichten zu betrachten, indem hier eine vorangehende Beichte gefordert wird:

„So trat Johannes der Täufer in der Wüste auf und verkündigte Umkehr und Taufe zur Vergebung der Sünden. Ganz Judäa und alle Einwohner Jerusalems zogen zu ihm hinaus; sie bekannten ihre Sünden und ließen sich im Jordan von ihm taufen." (Mk 1,4.).

Ein weiterer Weg zur Entsühnung, der gleichfalls vom Neuen Testament aus dem Judentum übernommen wurde, ist die Möglichkeit die Sünden durch gute Taten zu tilgen:

„Darum, o König, (Nebuchadnezzar) nimm meinen Rat an: ,Lösch deine Sünden aus durch rechtes Tun, tilge deine Vergehen, indem du Erbarmen hast mit den Armen.'" (Dan 4,24.).

Im außerkanonischen Buch Tobit wird die gleiche Ansicht vertreten: „Denn Gutes zu tun rettet vor dem Tod und bewahrt vor dem Weg in die Finsternis. Wer aus Barmherzigkeit hilft, der bringt dem Höchsten eine Gabe dar, die ihm gefällt." (Tob 4,10f.).

„Denn Barmherzigkeit rettet vor dem Tod und reinigt von jeder Sünde." (Tob 12,9.).

Diese Auffassung über die Entsühnung in den jüdischen Schriften, wird im Matthäus Evangelium auf folgende Weise wiedergegeben:

„Wenn du Almosen gibst, soll deine linke Hand nicht wissen, was deine rechte tut. Dein Almosen soll verborgen bleiben, und dein Vater, der auch das Verborgene sieht, wird es dir vergelten." (Mt 6,3f.).

Auch die Gastfreundschaft wird im Matthäusevangelium betont, (siehe nächster Absatz) die im Judentum durch Abrahams Beispiel ein Gebot geworden ist: "Er (Abraham) blickte auf und sah vor sich drei Männer stehen. Als er sie sah, lief er ihnen vom Zelteingang aus entgegen, warf sich zur Erde nieder und sagte:

Mein Herr, wenn ich dein Wohlwollen gefunden habe, geh doch an deinem Knecht nicht vorbei! Man wird etwas Wasser holen; dann könnt ihr euch die Füße waschen und euch unter dem Baum ausruhen. Ich will einen Bissen Brot holen, und ihr könnt dann nach einer kleinen Stärkung weitergehen; denn deshalb seid ihr doch bei eurem Knecht vorbeigekommen. Sie erwiderten: Tu, wie du gesagt hast. Da lief Abraham eiligst ins Zelt zu Sara und rief: Schnell drei Sea feines Mehl! Rühr es an, und backe Brotfladen! Er lief weiter zum Vieh, nahm ein zartes, prächtiges Kalb und übergab es dem Jungknecht, der es schnell zubereitete. Dann nahm Abraham Butter, Milch und das Kalb, das er hatte zubereiten lassen, und setzte es ihnen vor. Er wartete ihnen unter dem Baum auf, während sie aßen." (Gen 18,2-8.).

Bei Matthäus heißt es: „Wer euch aufnimmt, der nimmt mich auf, und wer mich aufnimmt, nimmt den auf, der mich gesandt hat. Wer einen Propheten aufnimmt, weil es ein Prophet ist, wird den Lohn eines Propheten erhalten. Wer einen Gerechten aufnimmt, weil es ein Gerechter ist, wird den Lohn eines Gerechten erhalten. Und wer einem von diesen Kleinen auch nur einen Becher frisches Wasser zu trinken gibt, weil es ein Jünger ist – amen, ich sage euch: Er wird gewiss nicht um seinen Lohn kommen." (Mt 10,40ff.).

19. Das Opfer Jesu zur Entsühnung

Die schon zitierten Sprüche des Propheten Jesaja sollen an dieser Stelle wiederholt werden, weil sie für die christliche Lehre der Entsühnung durch die Kreuzigung Jesu bedeutungsvoll sind: „Doch der Herr fand Gefallen an seinem zerschlagenen (**Gottesknecht**), er rettete den, der sein Leben als Sühnopfer hingab. Er wird Nachkommen sehen und lange leben. Der Plan des Herrn wird durch ihn gelingen." (Jes 53,10.).

Sowie: „Doch er wurde wegen unserer Verbrechen, wegen unserer Sünden durchbohrt. Zu unserem Heil lag die Strafe auf ihm, durch seine Wunden sind wir geheilt." (Jes 53,5.). Zu bemerken ist, dass das hebräische Wort „חָלָל Heiligen Geist" sowohl „durchbohrt" als auch „verwundet" bedeuten kann, Die Bibelübersetzung von Luther und die englische King James Übersetzung wählen beide für „חָלָל " „verwundet" beziehungsweise „wounded" und nicht durchbohrt. Unterstützt wird diese Übersetzung auch durch die griechische Septuaginta, wo „ἐτραυματίσθη" für „חָלָל " steht. Dieser Prophetenspruch ist somit kein Hinweis auf Jesu Tod, obwohl gemäß der christlichen Lehre der „Gottesknecht" auf Jesus hinweist, da Matthäus in seinem Evangelium dies ausdrücklich anführt: „Auf diese Weise sollte sich erfüllen, was durch den Propheten Jesaja gesagt worden ist: ‚Seht, das ist mein Knecht, den ich erwählt habe, mein Geliebter, an dem ich Gefallen gefunden habe. Ich werde meinen Geist auf ihn legen, und er wird den Völkern das Recht verkünden. Er wird nicht zanken und nicht schreien, und man wird seine Stimme nicht auf den Straßen hören. Das geknickte Rohr wird er nicht zerbrechen und den glimmenden Docht nicht auslöschen, bis er dem Recht zum Sieg verholfen hat. Und auf seinen Namen werden die Völker ihre Hoffnung setzen.'" (Mt12,17-21.). Die jüdische Lehre begründet das Leiden des jüdischen Volkes mit der damit verbundenen Entsühnung aller anderen Völker.

Der Prophet Sacharja scheint vom Propheten Jesaja die bedeutungsträchtige Person des „Durchbohrten" oder nach jüdischer Auffassung des „Verletzten" übernommen zu haben:

„Doch über das Haus David und über die Einwohner Jerusalems werde ich den Geist des Mitleids und des Gebets ausgießen. Und sie werden auf den blicken, den sie verletzt (in der Einheitsübersetzung: „durchbohrt") haben. Sie werden um ihn klagen, wie man um den einzigen Sohn klagt; sie werden bitter um ihn weinen, wie man um den Erstgeborenen weint." (Sach 12,10.).

Eine Besonderheit in diesen Aussagen ist, dass jemand die Schuld eines anderen auf sich nimmt, um dessen Entsühnung zu bewirken:

„Mein Knecht, der gerechte, macht die vielen gerecht; er lädt ihre Schuld auf sich. Deshalb gebe ich ihm seinen Anteil unter den Großen, und mit den Mächtigen teilt er die Beute, weil er sein Leben dem Tod preisgab und sich unter die Verbrecher rechnen ließ. Denn er trug die Sünden von vielen und trat für die Schuldigen ein." (Jes 53,11b,f.).

Die Übernahme der Schuld und die Sühneleistung wurde vom Christentum mit der Kreuzigung Jesu in Verbindung gebracht:

„...die Gerechtigkeit Gottes aus dem Glauben an Jesus Christus, offenbart für alle, die glauben. Denn es gibt keinen Unterschied: Alle haben gesündigt und die Herrlichkeit Gottes verloren. Ohne es verdient zu haben, werden sie gerecht, dank seiner Gnade, durch die Erlösung in Christus Jesus. Ihn hat Gott dazu bestimmt, Sühne zu leisten mit seinem Blut, Sühne, wirksam durch Glauben. So erweist Gott seine Gerechtigkeit durch die Vergebung der Sünden, die früher, in der Zeit seiner Geduld, begangen wurden;" (Röm 3,22-25).

Ebenfalls an anderen Stellen schreibt Paulus: „...er hat uns aus Liebe im Voraus dazu bestimmt, seine Söhne zu werden durch Jesus Christus und nach seinem gnädigen Willen zu ihm zu gelangen, zum Lob seiner herrlichen Gnade. Er hat sie uns geschenkt in seinem geliebten Sohn; durch sein Blut haben wir die Erlösung, die Vergebung der Sünden nach dem Reichtum seiner Gnade." (Eph 1,5ff.).

Und: „Durch ihn haben wir die Erlösung, die Vergebung der Sünden, um durch ihn alles zu versöhnen. Alles im Himmel und auf Erden wollte er zu Christus führen, der Friede gestiftet hat am Kreuz durch sein Blut. Denn Gott wollte mit seiner ganzen Fülle in ihm wohnen," (Kol 1,14. und. 20.).

Obige Sätze bezeugen eine kollektive Sündenvergebung. Die Vergebung der Sünden des Einzelnen nur durch das Wort Jesu, ohne dass ausdrücklich eine Leistung des Sünders erbracht wird, kann aus dem folgenden Satz gefolgert werden:

„Ihr sollt aber erkennen, dass der Menschensohn die Vollmacht hat, hier auf der Erde Sünden zu vergeben." (Mt 9,6; Mk 2,10; Lk 5,24.). Die Leistung des zu Entsühnenden, nämlich der Glaube an Jesus, wird zwar an dieser Stelle nicht angeführt, könnte aber aus den anderen, schon zitierten Stellen, abgeleitet werden.

In der Jesu zugeschriebenen Eigenschaft als Bevollmächtigter Gottes war es ihm auch möglich mit Hilfe des Heiligen Geistes die Sündenvergebung an seine Jünger zu delegieren:

„Jesus sagte noch einmal zu ihnen: Friede sei mit euch! Wie mich der Vater gesandt hat, so sende ich euch. Nachdem er das gesagt hatte, hauchte er sie an und sprach zu ihnen: Empfangt den Heiligen Geist! Wem ihr die Sünden vergebt, dem sind sie vergeben; wem ihr die Vergebung verweigert, dem ist sie verweigert." (Joh 20,21ff.).

20. Die Sündenvergebung durch die Taufe

„Was zögerst du noch? Steh auf, lass dich taufen und deine Sünden abwaschen, und rufe seinen Namen an!" (Apg 22,16.).

Die Taufformel „auf den Namen des Vaters und des Sohnes und des Heiligen Geistes" kommt nur in Mt 28,19 vor, nicht aber in den Tauferzählungen der Apostelgeschichte und den Briefen des Paulus. Dort, wo die Taufhandlung selbst näher beschrieben wird, lautet die Taufformel schlicht: „auf den Namen Jesu" (Apostelgeschichte 2,38; 8,16; 10,48; 19,5; Röm 6,3. und Gal 3,27.). Deshalb könnte Mt 28,19. eine spätere Einfügung sein. In der Didache (griech. διδαχή), die früheste Kirchenordnung der Christenheit (ca. 150-180, nach anderen Angaben 80-100 n. Chr.), scheint allerdings diese Taufformel von Mt 28,19 ebenfalls auf. (Didache 7,1.).

21. Der individuelle Friede

„Gerecht gemacht aus Glauben, haben wir **Frieden mit Gott** durch Jesus Christus, unseren Herrn." (Röm 5,1.).Dieser Ausdruck kommt auch in 2 Kor 13,11. und Röm 15,13. vor.

Schon in der Hebräischen Bibel scheint der Gedanke auf, dass ein Gerechter – denn nur dieser hat ein „redliches Herz" – in Frieden mit Gott lebt. Anzunehmen ist, dass dieser Ausdruck im heutigen Sprachgebrauch den Seelenfrieden bezeichnet: „Ich will hören, was Gott redet: Frieden verkündet der Herr seinem Volk und seinen Frommen, den Menschen mit redlichem Herzen." (Ps 85,9.).

22. Die Gemeinde Jesu nach seiner Kreuzigung im Jahr um 30 n.Chr.

Nach der Kreuzigung Jesu konnte die junge Gemeinde ihr Leben ungestört fortsetzen: „Sie hielten an der Lehre der Apostel fest und an der Gemeinschaft, am Brechen des Brotes und an den Gebeten. Alle wurden von Furcht ergriffen; denn durch die Apostel geschahen viele Wunder und Zeichen. Und alle, die gläubig geworden waren, bildeten eine Gemeinschaft und hatten alles gemeinsam. Sie verkauften Hab und Gut und gaben davon allen, jedem so viel, wie er nötig hatte. Tag für Tag verharrten sie einmütig im Tempel, **brachen in ihren Häusern das Brot** und hielten miteinander Mahl in Freude und Einfalt des Herzens. Sie lobten Gott und waren beim ganzen Volk beliebt. Und der Herr fügte täglich ihrer Gemeinschaft die hinzu, die gerettet werden sollten." (Apg 2, 42-47.).

Den Gottesdienst in den „Häusern" konnten Juden, die nicht an Jesus als Messias glaubten, nicht nachvollziehen, da dieser anscheinend mit einer Proskynese verbunden war, soweit dies aus dem Brief Paulus an die Philipper 2,10 entnommen werden kann: „Darum hat ihn Gott über alle erhöht und ihm den Namen verliehen, der größer ist als alle Namen, damit alle im Himmel, auf der Erde und unter der Erde ihre **Knie beugen** vor dem Namen Jesu und jeder Mund bekennt: „Jesus Christus ist der Herr" – zur Ehre Gottes, des Vaters." (Phil 2,9ff.).

Anzunehmen ist allerdings, dass die häuslichen Andachten der christlichen Gemeinde nicht einheitlich waren.

„In Antiochia nannte man die Jünger zum ersten Mal Christen." (Apg 11,26.). Dies scheint wahrscheinlich um 45 n.Chr. erfolgt zu sein. Im Übrigen wurden die Jesusanhänger als eine Sekte innerhalb des Judentums angesehen: „Das allerdings bekenne ich (Paulus) dir: Dem (neuen) Weg entsprechend, den sie eine Sekte nennen[38], diene ich dem Gott meiner Väter. Ich glaube an alles, was im Gesetz und in den Propheten steht," (Apg 24,14. Ebenfalls 28,16.).

Auf Nazareth, dem Geburtsort von Jesus, ist der Ausdruck „Nazoräer" für Jesus zurückzuführen. (Mt 2,23; Apg 2,22; 3,6; 4,10; 6,14; 22,8; 26,9.). Die Bezeichnung „Nazoräersekte" für Christen wird im Neuen Testament nur an einer einzigen Stelle verwendet und zwar in der Apostelgeschichte 24,5. Dies zeigt, dass die Jesusanhänger in dieser Zeit, als die Apostelgeschichte verfasst wurde, ca 80-90 n.Chr., noch als Sekte angesehen wurden und sich noch nicht vom Judentum getrennt hatten, wobei allerdings diese Aussage nicht verallgemeinert werden kann. Es wäre möglich, dass dennoch an manchen Orten das Verhältnis zwischen Christen und Juden anders gewesen ist.

23. Die Heidenchristen

Obwohl in erster Linie Paulus für die Bekehrung der Heiden zum Christentum tätig war und ihre Taufe ohne vorherige Beschneidung beim Apostelkonzil (Apg 15,) durchgesetzt hat, wurde zuerst Petrus in der Apostelgeschichte mit der Heidenbekehrung, ohne vorherige Beschneidung, in Verbindung gebracht:

„Noch während Petrus dies sagte, kam der Heilige Geist auf alle herab, die das Wort hörten. Die gläubig gewordenen Juden, die mit Petrus waren, konnten es nicht fassen, dass auch auf die Heiden die Gabe des Heiligen Geistes ausgegossen wurde. Denn sie hörten sie in Zungen reden und Gott preisen. Petrus aber sagte: ‚Kann jemand denen das Wasser zur Taufe verweigern, die ebenso wie wir den Heiligen Geist empfangen haben?' Und er ordnete an, sie im Namen Jesu Christi zu taufen. (Apg 10,44-48a.).

Gleichfalls wird in der Apostelgeschichte Petrus als derjenige bezeichnet, der für die Nichtbeachtung der jüdischen Speisegebote durch Christen verantwortlich gewesen war:

„Er (Petrus) sah den Himmel offen und eine Schale auf die Erde herabkommen, die aussah wie ein großes Leinentuch, das an den vier Ecken gehalten wurde. Darin lagen alle möglichen Vierfüßler, Kriechtiere der Erde und Vögel des Himmels. Und eine Stimme rief ihm zu: ‚Steh auf, Petrus, schlachte, und iss!‘, Petrus aber antwortete: ‚Niemals, Herr! Noch nie habe ich etwas Unheiliges und Unreines gegessen.‘ Da richtete sich die Stimme ein zweites Mal an ihn: ‚Was Gott für rein erklärt, nenne du nicht unrein!‘ Das geschah dreimal, dann wurde die Schale plötzlich in den Himmel hinaufgezogen." (Apg 10,11-16.).

Die Apostelgeschichte berichtet ebenfalls, dass es Petrus war, der beim Apostelkonvent in Jerusalem die entscheidenden Worte gesprochen hat:

„Als ein heftiger Streit entstand, erhob sich Petrus und sagte zu ihnen: ‚Brüder, wie ihr wisst, hat Gott schon längst hier bei euch die Entscheidung getroffen, dass die Heiden durch meinen Mund das Wort des Evangeliums hören und zum Glauben gelangen sollen. Und Gott, der die Herzen kennt, bestätigte dies, indem er ihnen ebenso wie uns den Heiligen Geist gab. Er machte keinerlei Unterschied zwischen uns und ihnen; denn er hat ihre Herzen durch den Glauben gereinigt. Warum stellt ihr also jetzt Gott auf die Probe und legt den Jüngern ein Joch auf den Nacken, das weder unsere Väter noch wir tragen konnten? Wir glauben im Gegenteil, durch die Gnade Jesu, des Herrn, gerettet zu werden, auf die gleiche Weise wie jene.'" (Apg 15,7-11.).

Es scheint, dass für die Christen Petrus als von Jesus beauftragter Nachfolger eine höhere Bedeutung als Paulus hatte, obwohl es Paulus war, der die Abschaffung der jüdischen Gebote für Heiden gegen die traditionell eingestellten Judenchristen, die die jüdischen Gesetze befolgten, durchgesetzt hatte.

Dies berichtet Paulus in seinem Brief an die Galater, der allerdings an die dreißig Jahre früher als die Apostelgeschichte verfasst wurde. Dieses Schreiben zeigt ein anderes Bild über den Verlauf des Apostelkonzils:

„... Ich ging hinauf aufgrund einer Offenbarung, legte der Gemeinde und im Besonderen den «Angesehenen» das Evangelium vor, das ich unter den Heiden verkündige; ich wollte sicher sein, dass ich nicht vergeblich laufe oder gelaufen bin. Doch nicht einmal mein Begleiter Titus, der Grieche ist, wurde gezwungen, sich beschneiden zu lassen. Denn was die falschen Brüder betrifft, jene Eindringlinge, die sich eingeschlichen hatten, um die Freiheit, die wir in Christus Jesus haben, argwöhnisch zu beobachten und uns zu Sklaven zu machen, so haben wir uns keinen Augenblick unterworfen; wir haben ihnen nicht nachgegeben, damit euch die Wahrheit des Evangeliums erhalten bleibe. Aber auch von denen, die Ansehen genießen – was sie früher waren, kümmert mich nicht, Gott schaut nicht auf die Person –, auch von den «Angesehenen» wurde mir nichts auferlegt. Im Gegenteil, sie sahen, dass mir das Evangelium für die Unbeschnittenen anvertraut ist wie dem Petrus für die Beschnittenen – denn Gott, der Petrus die Kraft zum Aposteldienst unter den Beschnittenen gegeben hat, gab sie mir zum Dienst unter den Heiden –, und sie erkannten die Gnade, die mir verliehen ist. Deshalb gaben Jakobus, Kephas (Petrus) und Johannes, die als die «Säulen» Ansehen genießen, mir und Barnabas die Hand zum Zeichen der Gemeinschaft: Wir sollten zu den Heiden gehen, sie zu den Beschnittenen. Nur sollten wir an ihre Armen denken; und das zu tun, habe ich mich eifrig bemüht." (Gal 2,5f.9.).

Ebenfalls wird in der Apostelgeschichte versucht die Bedeutung Paulus für die Einberufung des Apostelkonzils herabzuspielen:

„Es kamen einige Leute von Judäa herab und lehrten die Brüder: Wenn ihr euch nicht nach dem Brauch des Mose beschneiden lasst, könnt ihr nicht gerettet werden. Nach großer Aufregung und heftigen Auseinandersetzungen zwischen ihnen und **Paulus und Barnabas** beschloss man, **Paulus und Barnabas und einige andere von ihnen** sollten wegen dieser Streitfrage zu den Aposteln und den Ältesten nach Jerusalem hinaufgehen." (Apg 15,1f.).

Das obige Zitat aus der Apostelgeschichte 15,1f bezieht sich nur auf die Beschneidung, aber wie im nachfolgenden Zitat zu ersehen sein wird, hat man beim Apostelkonzil auch die Speisegesetze behandelt:

„Darum halte ich (Jacobus) es für richtig, den Heiden, die sich zu Gott bekehren, keine Lasten aufzubürden; man weise sie nur an, Verunreinigung durch Götzen (Opferfleisch) und Unzucht zu meiden und weder Ersticktes noch Blut zu essen." (Apg 15,19-20.).

Die im Kap.15 erwähnte Auseinandersetzung in Jerusalem wird als das erste Apostelkonzil verstanden (45 – 46, oder 48 – 49 n.Chr.); Durch den dort gefassten Beschluss wurden Heiden getauft, ohne diese auf die jüdischen Gebote zu verpflichten. Dieser Umstand führte nicht nur zu Spannungen mit den Juden, sondern auch mit den Judenchristen.

24. Das Opferfleisch

„Als Kephas (Petrus) aber nach Antiochia gekommen war, bin ich ihm offen entgegengetreten, weil er sich ins Unrecht gesetzt hatte. Bevor nämlich Leute aus dem Kreis um Jakobus eintrafen, pflegte er zusammen mit den Heiden zu essen. Nach ihrer Ankunft aber zog er sich von den Heiden zurück und trennte sich von ihnen, weil er die Beschnittenen fürchtete." (Gal 2,11f.).

Es ist fraglich, ob Juden zusätzliche einschränkende Speisevorschriften hatten, außer jenen, auf die das Apostelkonzil die Heiden verpflichtet hatte. Es scheint, dass dieser Konflikt deshalb aufkam, weil Paulus die Verpflichtungen des Apostelkonzils, so wie diese in der Apostelgeschichte erwähnt wurden, nicht akzeptierte und deshalb die Heidenchristen diese nicht eingehalten hatten.

Aus dem nachfolgenden Zitat könnte diese Annahme abgeleitet werden:

„Die Apostel und die Brüder in Judäa erfuhren, dass auch die Heiden das Wort Gottes angenommen hatten. Als nun Petrus nach Jerusalem hinaufkam, hielten ihm die gläubig gewordenen Juden vor: ‚Du hast das Haus von Unbeschnittenen betreten und hast mit ihnen gegessen.' Ebenso unaufrichtig wie er verhielten sich die anderen Juden, so dass auch Barnabas durch ihre Heuchelei verführt wurde. Als ich aber sah, dass sie von der Wahrheit des Evangeliums abwichen, sagte ich zu Kephas in Gegenwart aller: ‚Wenn du als Jude nach Art der Heiden und nicht nach Art der Juden lebst, wie kannst du dann die Heiden zwingen, wie Juden zu leben? Wir sind zwar von Geburt Juden und nicht Sünder wie die Heiden. Weil wir aber erkannt haben, dass der Mensch nicht durch Werke des Gesetzes gerecht wird, sondern durch den Glauben an Jesus Christus, ...'" (Gal 2,11-16.).

Paulus scheint gegen Ende seines Lebens eine konziliantere Haltung eingenommen zu haben. Der folgende Satz kann sich nur auf die Speisen beziehen, die das Apostelkonzil verboten hat, denn wenn auch Judenchristen über diesen Beschluss hinausgehende Speisegesetze befolgten, dann hätten diese bei den Heidenchristen keinen Anstoß erregen können. Daher kann dieser Spruch nur auf die Heidenchristen zutreffen, die für Judenchristen unreine Speisen gegessen haben.

„Reiß nicht wegen einer Speise das Werk Gottes nieder! Alle Dinge sind rein; schlecht ist es jedoch, wenn ein Mensch durch sein Essen dem Bruder Anstoß gibt. Es ist nicht gut, Fleisch zu essen oder Wein zu trinken oder sonst etwas zu tun, wenn dein Bruder daran Anstoß nimmt." (Röm 14,20f.).

Auch der folgende Satz aus der Offenbarung richtet sich gegen solche Christen, die Opferfleisch gegessen haben. Die Verführung dazu, scheint im billigeren Preis dieses Fleisches gelegen zu sein:

„...verführt sie, Unzucht zu treiben Fleisch zu essen, das den Götzen geweiht." (Offb2,14b.20.).

Ein weiterer Beweis, dass Paulus die einschränkenden, vom Apostelkonzil erlassenen Speisegesetze nicht akzeptierte, ist aus der folgenden Briefstelle zu entnehmen:

„Wenn ein Ungläubiger euch einlädt und ihr hingehen möchtet, dann esst, was euch vorgesetzt wird, ohne aus Gewissensgründen nachzuforschen. Wenn euch aber jemand darauf hinweist: ‚Das ist Opferfleisch!, dann esst nicht davon, mit Rücksicht auf den, der euch aufmerksam macht, und auf das Gewissen. ich meine das Gewissen des anderen, nicht das eigene; denn (an sich gilt): Warum soll meine Freiheit vom Gewissensurteil eines anderen abhängig sein? Wenn ich in Dankbarkeit mitesse, soll ich dann getadelt werden, dass ich etwas esse, wofür ich Dank sage? Ob ihr also esst oder trinkt oder etwas anderes tut: tut alles zur Verherrlichung Gottes! Gebt weder Juden noch Griechen, noch der Kirche Gottes Anlass zu einem Vorwurf!" (1 Kor 10,27-32.).

Mit dem folgenden Spruch leugnet Paulus, dass so etwas wie Götzenfleisch überhaupt existiere:

„Was nun das Essen von Götzenopferfleisch angeht, so wissen wir, dass es keine Götzen gibt in der Welt und keinen Gott außer dem einen. Und selbst wenn es im Himmel oder auf der Erde sogenannte Götter gibt – und solche Götter und Herren gibt es viele – so haben doch wir nur einen Gott, den Vater. Von ihm stammt alles, und wir leben auf ihn hin. Und einer ist der Herr: Jesus Christus. Durch ihn ist alles, und wir sind durch ihn. Aber nicht alle haben die Erkenntnis. Einige, die von ihren Götzen nicht loskommen, essen das Fleisch noch als Götzenopferfleisch, und so wird ihr schwaches Gewissen befleckt. Zwar kann uns keine Speise vor Gottes Gericht bringen. Wenn wir nicht essen, verlieren wir nichts, und wenn wir essen, gewinnen wir nichts. Doch gebt acht, daß diese eure Freiheit nicht den Schwachen zum Anstoß wird." (1 Kor 8,4-9.).

25. Die Beschneidung

Zuerst scheint Paulus die Beschneidung der Judenchristen toleriert zu haben, wie dies aus den folgenden Sätzen zu entnehmen ist:

„Die Beschneidung ist nützlich, wenn du das Gesetz befolgst; übertrittst du jedoch das Gesetz, so bist du trotz deiner Beschneidung zum Unbeschnittenen geworden. Wenn aber der Unbeschnittene die Forderungen des Gesetzes beachtet, wird dann nicht sein Unbeschnittensein als Beschneidung angerechnet werden? Der leiblich Unbeschnittene, der das Gesetz erfüllt, wird dich richten, weil du trotz Buchstabe und Beschneidung ein Übertreter des Gesetzes bist. Jude ist nicht, wer es nach außen hin ist, und Beschneidung ist nicht, was sichtbar am Fleisch geschieht, sondern Jude ist, wer es im Verborgenen ist, und Beschneidung ist, was am Herzen durch den Geist, nicht durch den Buchstaben geschieht. Der Ruhm eines solchen Juden kommt nicht von Menschen, sondern von Gott." (Röm 2,25-29.).

„Was ist nun der Vorzug der Juden, der Nutzen der Beschneidung? Er ist groß in jeder Hinsicht. Vor allem: Ihnen sind die Worte Gottes anvertraut. Wenn jedoch einige Gott die Treue gebrochen haben, wird dann etwa ihre Untreue die Treue Gottes aufheben?" (Röm 3,1ff.).

Mit dem folgenden Spruch Pauli wurde die Spaltung zwischen den Heidenchristen und den Judenchristen vertieft. Die Judenchristen hielten die jüdischen Gesetze ein, aber glaubten, dass Jesus der Messias ist:

„Zur Freiheit hat uns Christus befreit. Bleibt daher fest und laßt euch nicht von neuem das Joch der Knechtschaft auflegen! Hört, was ich, Paulus, euch sage: Wenn ihr euch beschneiden lässt, wird Christus euch nichts nützen. Ich versichere noch einmal jedem, der sich beschneiden lässt: Er ist verpflichtet, das ganze Gesetz zu halten. Wenn ihr also durch das Gesetz gerecht werden wollt, dann habt ihr mit Christus nichts mehr zu tun; ihr seid aus der Gnade herausgefallen. ...Denn in Christus Jesus kommt es nicht darauf an, beschnitten oder unbeschnitten zu sein, sondern darauf, den Glauben zu haben, der in der Liebe wirksam ist." (Gal 5,1-6.).

Dieser Spruch Pauli war für die Zukunft von großer Bedeutung, da damit die Judenchristen – und diese hat es zumindest bis zum 7.Jh. n.Chr. gegeben – von der heidenchristlichen Mehrheit als nicht dem Christentum zugehörig betrachtet wurden. Man bezeichnete sie als die „Judaisierenden". Wie noch ausgeführt werden wird, sind diese später als Häretiker beschuldigt und verfolgt worden.

Die Beschneidung wurde, wie dies aus dem nachstehenden Satz hervorgeht, als ein Abfall vom Christentum gedeutet:

„Man behauptet sogar, dass ich selbst (Paulus) noch die Beschneidung verkündige. Warum, meine Brüder, werde ich dann verfolgt? Damit wäre ja das Ärgernis des Kreuzes beseitigt." (Gal 5,11.).

Anscheinend musste sich Paulus, wegen der Anschuldigung gegen die Beschneidung zu sein, als rechtgläubiger Jude ausweisen, um die Judenchristen nicht in ihrem Glauben zu verunsichern:

„…und sagten zu ihm: ‚Du siehst, Bruder, wie viele Tausende unter den Juden gläubig geworden sind, und sie alle sind Eiferer für das Gesetz. Nun hat man ihnen von dir (Paulus) erzählt: Du lehrst alle unter den Heiden lebenden Juden, von Mose abzufallen, und forderst sie auf, ihre Kinder nicht zu beschneiden und sich nicht an die Bräuche zu halten. Tu also, was wir dir sagen: Bei uns sind vier Männer, die ein Gelübde auf sich genommen haben. Nimm sie mit, und weihe dich zusammen mit ihnen (im Tempel) ... So wird jeder einsehen, dass an dem, was man von dir erzählt hat, nichts ist, sondern dass auch du das Gesetz genau beachtest.'" (Apg 21,20b-24.).

Diesen Rat befolgte Paulus:

„Da nahm Paulus die Männer mit und weihte sich am nächsten Tag zusammen mit ihnen, ging dann in den Tempel und meldete das Ende der Weihetage an, damit für jeden von ihnen das Opfer dargebracht werde." (Apg 21,26.).

Bei dieser Weihehandlung Pauls handelt sich um das Nasirat: In Numeri Kap. 6 der Thora wird diese Weihehandlung beschrieben. Die ersten Verse lauten, wie folgt: „Der Herr sprach zu Mose: ‚Rede zu den Israeliten und sag zu ihnen: ‚Wenn ein Mann oder eine Frau etwas Besonderes tun will und das Nasiräergelübde ablegt, so dass er ein dem Herrn geweihter Nasiräer ist,…'" (Num 6,1f.).

Auch bei anderen Gelegenheiten betonte Paulus rechtgläubiger Jude zu sein:

„'Brüder und Väter! Hört, was ich euch zu meiner Verteidigung zu sagen habe.' Als sie hörten, dass er in hebräischer Sprache zu ihnen redete, waren sie noch ruhiger. Und er sagte: ‚Ich bin ein Jude, geboren in Tarsus in Zilizien, hier in dieser Stadt erzogen, zu Füßen Gamaliëls genau nach dem Gesetz der Väter ausgebildet, ein Eiferer für Gott, wie ihr alle es heute seid.'" (Apg 22,1-3.).

26. Die Konflikte innerhalb der christlichen Gemeinschaft

Aus dem Obigen ist zu entnehmen, dass in den unterschiedlichen christlichen Gemeinden verschiedene Ansichten über die Lehre Jesu bestanden. Diese Divergenz beanstandet auch Paulus:

„Es wurde mir nämlich, meine Brüder, von den Leuten der Chloë berichtet, dass es Zank und Streit unter euch gibt. Ich meine damit, dass jeder von euch etwas anderes sagt: Ich halte zu Paulus – ich zu Apollos – ich zu Kephas (Petrus) – ich zu Christus. Ist denn Christus zerteilt? Wurde etwa Paulus für euch gekreuzigt? Oder seid ihr auf den Namen des Paulus getauft worden?" (1 Kor 1,11.).

Der Evangelist Johannes, dem zumeist der Brief 1 Johannes zugeschrieben wird, bezeichnet diese Widersprüche als Taten des Antichristen:

„Meine Kinder, es ist die letzte Stunde. Ihr habt gehört, dass der Antichrist kommt, und jetzt sind viele Antichristen gekommen. Daran erkennen wir, dass es die letzte Stunde ist. Sie sind aus unserer Mitte gekommen, aber sie gehörten nicht zu uns; denn wenn sie zu uns gehört hätten, wären sie bei uns geblieben. Es sollte aber offenbar werden, dass sie alle nicht zu uns gehörten." (1Joh 2,18f.).

„Viele Verführer sind in die Welt hinausgegangen; sie bekennen nicht, dass Jesus Christus im Fleisch gekommen ist. Das ist der Verführer und der Antichrist." (2 Joh 1,7.).

Die innerchristlichen Konflikte führten auch dazu, dass erst gegen Ende des zweiten Jahrhunderts eine mehr oder weniger einheitliche Meinung der führenden Kirchenmänner über die „rechtgläubigen Schriften über Jesus" entstand, die im Evangelium zusammengefasst wurden. Im weiteren wurden zu den vier kanonischen Evangelien, die Apostelgeschichte, 21 Briefe an christliche Gemeinden und eine Apokalypse und zwar die Johannesoffenbarung, durch die Synode von Rom im Jahre 382 n.Chr., als rechtgläubig anerkannt. Somit wurde damals der Kanon des Neuen Testamentes in der heutigen Form offiziell approbiert.

Eine Reihe von extrakanonischen Schriften sowie Schriften der Kirchenväter gegen die „Häresien", vor allem von Irenaeus, zeigen, dass im 2. bis zum 4. Jahrhundert im Christentum wesentliche sich einander widersprechende theologische Ansichten zirkulierten. Die diversen Konzile versuchten eine klare theologische Vereinheitlichung herbeizuführen, wobei sehr oft bei solchen Konzilsentscheidungen die unterliegenden Fraktionen eigene, unabhängige Kirchen bildeten. Eine bedeutsame, bis heute nicht überwundene Spaltung der Kirche war das sogenannte morgenländische Schisma von 1054, aus dem die römisch-katholische Kirche und die östlich-orthodoxen Kirchen unter dem Ehrenprimat des Patriarchen von Konstantinopel hervorgingen. Weitere Spaltungen erfolgten im 16. Jh., als die diversen evangelischen Bekenntnisse entstanden.

27. Die Abgrenzung der Juden von den Judenchristen

Im Evangelium nach Lukas und nach Johannes wird an vier nachstehenden Stellen erwähnt, dass die Juden die Judenchristen aus ihrer Synagoge ausgestoßen hätten. Da diese Evangelien mit einer beschränkten Verbreitung in Jerusalem und Kleinasien verfasst wurden, ist es wahrscheinlich, dass diese „Ausstoßung" von Jesusgläubigen aus Synagogen nur in einem zeitlich und örtlich beschränkten Umfang erfolgte.

„Selig seid ihr, wenn euch die Menschen hassen und aus ihrer Gemeinschaft ausschließen, wenn sie euch beschimpfen und euch in Verruf bringen um des Menschensohnes willen." (Joh 6,22.).

„Das sagten seine Eltern, weil sie sich vor den Juden fürchteten; denn die Juden hatten schon beschlossen, jeden, der ihn als den Messias bekenne, aus der Synagoge auszustoßen. (Joh 9,22.).

„Dennoch kamen sogar von den führenden Männern viele zum Glauben an ihn; aber wegen der Pharisäer bekannten sie es nicht offen, um nicht aus der Synagoge ausgestoßen zu werden. Denn sie liebten das Ansehen bei den Menschen mehr als das Ansehen bei Gott." (Joh 12,42f.).

„Sie werden euch aus der Synagoge ausstoßen, ja es kommt die Stunde, in der jeder, der euch tötet, meint, Gott einen heiligen Dienst zu leisten. Das werden sie tun, weil sie weder den Vater noch mich erkannt haben." (Joh 16,2f.).

Eine solche „Ausstoßung" wurde früher der Einfügung eines neuen Absatzes in dem täglich drei Mal zu wiederholenden Hauptgebet, der Amida, zugeschrieben, obwohl die oben angeführten Zitate nicht auf ein Gebet, sondern auf einen Bann (Cherem) verweisen. Dieser Zusatz zum Gebetstext der Amida sollte durch den Rabban Gamaliel um das Jahr 90 n.Chr. in Yavne eingeführt worden sein:

„Den Verleumdern sei keine Hoffnung, und alle Ruchlosen mögen im Augenblick verloren sein, alle Feinde deines Volkes mögen rasch ausgerissen werden, und die Trotzigen schnell entwurzle, zerschmettre und demütige."

Nach neuesten Forschungsergebnissen von Günter Stemberger ist diese These nicht mehr aufrechtzuerhalten. Der erste schriftliche Hinweis auf diese Einfügung ist erst eine geraume Zeit nach 90 n.Chr. und zwar im 4. Jh. n.Chr., wenn nicht noch später, im palästinensischen Talmud zu finden. Hier werden die Minim (wahrscheinlich Häretiker) erwähnt, gegen die dieser Spruch lauten soll. Mit Recht stellt Stemberger die Frage, warum die Christen nicht expressis verbis genannt wurden, wenn ein solcher Spruch eingeführt wurde und dieser gegen sie gerichtet sein sollte. Seiner Meinung nach ist die Wahrscheinlichkeit gering, dass dieser Text gegen die Jesusgläubigen gerichtet war, weil das Christentum in Palästina um die Jahre 90 n.Chr. noch nicht die Bedeutung gehabt hatte, die eine solche Einfügung gerechtfertigt hätte. Drittens bezweifelt Stemberger, dass die Kreise um Rabban Gamaliel einen derartigen Einfluss auf die jüdischen Gemeinden gehabt hätten, um eine solche Neuerung allgemein durchzusetzen. Naheliegend ist eher, dass sich gewisse jüdische Gemeinden in der Diaspora durch die Christianisierung bedroht fühlten und deshalb eine Maßnahme, wie die Einführung eines gegen die Christen gerichteten Gebetes, beschlossen, um nicht von Christen unterwandert zu werden. (Stemberger, The birkat ha-minim and the separation of Christians and Jews, wird demnächst erscheinen)

Auch die Auspeitschung von Jesusgläubigen, wie dies in 2 Kor 11,25; Mt 10,17; 23,34; Apg 5,40. berichtet wird, scheint eine örtliche und zeitlich begrenzte Maßnahme gewesen sein, da diese in späteren Quellen. nicht mehr erwähnt wird.

Es ergibt sich die Frage, inwieweit dem folgenden, an Judenchristen gerichteten, Selbstbekenntnis Pauli, Glauben geschenkt werden kann. Es könnte auch sein, dass diese Worte nicht von ihm stammen, sondern eine spätere Einfügung sind: „Sie sind Hebräer – ich auch. Sie sind Israeliten – ich auch. Sie sind Nachkommen Abrahams – ich auch. Sie sind Diener Christi – jetzt rede ich ganz unvernünftig –, ich noch mehr: Ich ertrug mehr Mühsal, war häufiger im Gefängnis, wurde mehr geschlagen, war oft in Todesgefahr. Fünfmal erhielt ich von Juden die neununddreißig Hiebe; dreimal wurde ich ausgepeitscht, einmal gesteinigt," (2 Kor 11,22-25.). Eine Steinigung nämlich, die in dieser Zeit praktiziert wurde, endete mit dem Tod des Gesteinigten. Z.B.: „So steinigten sie Stephanus; er aber betete und rief: ‚Herr Jesus, nimm meinen Geist auf!' Dann sank er in die Knie und schrie laut: ‚Herr, rechne ihnen diese Sünde nicht an!' Nach diesen Worten starb er." (Apg 7,59f.).

Etwas eigenartig sind auch die eigentlich synonymen Bezeichnungen in der Rede von Paulus, wo er die Ausdrücke „Hebräer", „Israeliten", „Nachkommen Abrahams" und „Juden" verwendet.

Es scheint, dass das „Auspeitschen" eher eine symbolische Strafhandlung dargestellt hat, wie dies aus dem Bericht Apg 5,40ff entnommen werden kann: (Die Mitglieder des Hohen Rates) „riefen die Apostel herein und ließen sie auspeitschen; dann verboten sie ihnen, im Namen Jesu zu predigen, und ließen sie frei. Sie aber gingen weg vom Hohen Rat und freuten sich, dass sie gewürdigt worden waren, für seinen Namen Schmach zu erleiden. Und Tag für Tag lehrten sie unermüdlich im Tempel und in den Häusern und verkündeten das Evangelium von Jesus, dem Christus."

Die Strafe von neununddreißig Hieben geht auf Dtn, 25,1ff. zurück wo es heißt: „Wenn zwei Männer eine Auseinandersetzung haben, vor Gericht gehen und man zwischen ihnen die Entscheidung fällt, indem man dem Recht gibt, der im Recht ist, und den schuldig spricht, der schuldig ist, dann soll der Richter, falls der Schuldige zu einer Prügelstrafe verurteilt wurde, anordnen, dass er sich hinlegt und in seiner Gegenwart eine bestimmte Anzahl von Schlägen erhält, wie es seiner Schuld entspricht. Vierzig Schläge darf er ihm geben lassen, mehr nicht. Sonst könnte dein Bruder, wenn man ihm darüber hinaus noch viele Schläge gibt, in deinen Augen entehrt werden." (Dtn 25,1ff.).

Die Rabbinen beschlossen (M.Mak,3,11.), dass diese Zahl um eins reduziert werden soll. Es sollte vermieden werden ein Gebot der Thora zu übertreten, falls man sich bei der Verabreichung von vierzig Schlägen verzählt hätte und man dem Schuldigen einundvierzig Schläge verabreichen würde. Die Mischna wurde erst um 220 n.Chr. schriftlich verfasst. Es liegt auch hier, wie an manchen anderen Stellen, der überraschende Fall vor, dass im Neuen Testament jüdische Bestimmungen zu einem früheren Datum schriftlich verzeichnet wurden, als in den jüdischen Schriften.

Aus dem zweiten Jh. n.Chr. ist allein Justin, der auf den Ausschluss von Jesusgläubigen von der Synagoge hinweist, indem diese dort verflucht werden: „Und jetzt verstoßt ihr die, welche auf ihn und auf den allmächtigen Gott, den Weltschöpfer, der ihn gesandt hat, ihre Hoffnung setzen, und entehrt sie, soweit es bei euch möglich ist, indem ihr die Christusgläubigen in euren Synagogen verflucht." (Dialog mit dem Juden Tryphon 16,4. ähnlich: 93,4; 95,4; 96,2; 108,3; 123,6; 133,6; 137,2).

Die Beschuldigung, dass die Vorfahren der Juden Propheten umgebracht hätten, wird im Neuen Testament immer wieder vorgebracht: „Weh euch, ihr Schriftgelehrten und Pharisäer, ihr Heuchler! Ihr errichtet den Propheten Grabstätten und schmückt die Denkmäler der Gerechten und sagt dabei: Wenn wir in den Tagen unserer Väter gelebt hätten, wären wir nicht wie sie am Tod der Propheten schuldig geworden. Damit bestätigt ihr selbst, dass ihr die Söhne der Prophetenmörder seid." (Mt 23,29ff.). Ähnlich: Lk 13,34; Apg 7,52 und Röm 11,3, wahrscheinlich unter Bezugnahme auf 1 Kön 19,10: „Er (der Prophet Elija) sagte: Mit leidenschaftlichem Eifer bin ich für den Herrn, den Gott der Heere, eingetreten, weil die Israeliten deinen Bund verlassen, deine Altäre zerstört und deine Propheten mit dem Schwert getötet haben. Ich allein bin übriggeblieben, und nun trachten sie auch mir nach dem Leben."

Epiphanius von Salamis (um 315 – 403 n.Chr) und Hieronymus (347 – 420 n.Chr.) behaupteten, dass die Juden täglich dreimal in ihren Gebeten die „Nazoräer" verfluchten.[39]

Da der synagogale Gottesdienst keine Einheitlichkeit aufweist, wäre es möglich, dass zunächst örtlich solche Gebete gesprochen worden sind, die dann in einem gewissen Zeitabschnitt von einem Großteil der Synagogen übernommen worden sind. Bei dieser Übernahme wurden aber, wie dies der eingangs zitierte Gebetstext zeigt, nicht die Christen, sondern die Minim (Häretiker) verflucht.

Hingegen sprechen die Stellen, die die Gegenwart von „Gottesfürchtigen" in der Synagoge bezeugen, eine deutlichere Sprache, aus der zu entnehmen ist, dass Heiden, die sich dem jüdischen Glauben angenähert haben, aber sich vielleicht wegen der Beschneidungs- und Speisevorschriften nicht zu einem Übertritt in das Judentum entschließen konnten, unbehelligt an einem synagogalen Gottesdienst teilnehmen durften:

„Da stand Paulus (in der Synagoge) auf, gab mit der Hand ein Zeichen und sagte: Ihr Israeliten und ihr Gottesfürchtigen, hört!" (Apg 13,16.).

Sowie:

„Brüder, ihr Söhne aus Abrahams Geschlecht und ihr Gottesfürchtigen!" (Apg 13,26. Gleichfalls Apg 17,4; 17.17;).

Anzunehmen ist, dass für die Gemeinde der „Gottesfürchtigen" eine auch für Juden akzeptale Lösung gefunden werden musste, da sonst ein gemeinsames Beten und ein sich daraus folgender sozialer Vekehr mit „Ungläubigen" nicht möglich gewesen wäre.

Schon im jüdischen „Buch der Jubileen" aus dem 2. Jh. v.Chr. wurde die Grundlage gelegt für die Noachidischen Gebote, die durch Nichtjuden einzuhalten sind, damit Sie die gleichen positiven Zukunftserwartungen haben sollen, wie rechtgläubige Juden.

„Und im 28. Jubiläum begann Noah, der Urvater aller Menschen, den Kindern seiner Kinder die Ordnungen und die Gebote und alles Recht,[40] das er kannte, zu gebieten, und er ermahnte seine Kinder, Gerechtigkeit zu üben und die Scham ihres Fleisches zu bedecken und den zu segnen, der sie geschaffen, und Vater und Mutter zu ehren und ein jeder seinen Nächsten zu lieben, und sich der Hurerei und Unreinheit und aller Ungerechtigkeit zu hüten." (7,20.).

Ähnliche Absichten könnten dem Sibyllinischen Orakel IV, 24-39. Ins besonders 30b-34: „Vielmehr werden sie sehen auf die große Herrlichkeit des einen Gottes, weder frevelhaften Mord vollbringend, noch gestohlenen, unendlichen Gewinn nehmend, was ja das Schlimmste ist, noch nach fremdem Lager schimpfliches Verlangen hegend, noch nach der verhassten und schrecklichen Schändung von Knaben unterstellt werden." In der uns vorliegenden Gestalt ist das Buch in den achtziger Jahren des ersten Jahrhunderts aus der Feder eines jüdischen Verfassers entstanden.

Als Noachidische Gebote (auch Noachitische Gebote) werden im Judentum sieben Gebote bezeichnet, die für alle Menschen Geltung haben sollen. Nichtjuden, die diese einhalten, können als „Gerechte" (Zaddikim) „Anteil an der kommenden Welt" erhalten, weswegen das Judentum keine Notwendigkeit der Mission Andersgläubiger lehrt. Es ist sogar die Pflicht eines Rabbiners Denjenigen, der zum Judentum übertreten möchte, dreimal abzuweisen und ihn aufzuklären, dass man als Konvertit nur mehr Pflichten auf sich nimmt, ohne deshalb größere Aussichten auf eine Erlösung zu erhalten.

Die Noachidische Gebote sind: Das Verbot des Götzendienstes, das Verbot der Gotteslästerung, das Gebot der Schaffung von Gerichtshöfen, das Verbot zu töten, das Verbot des Ehebruchs, das Verbot des Raubens und das Verbot das Fleisch lebender Tiere zu essen. Im Talmud wurden diese Gebote in bSanh 56b festgeschrieben.[41]

Die Existenz dieser Gruppe der Gottesfürchtigen lässt sich aufgrund mehrerer, in Rom aufgefundener, Grabinschriften bis zum 5. Jahrhundert nachweisen.[42]

28. Die Trennung der Judenchristen vom Judentum

Wie aus dem Johannisevangelium hervorgeht, wurden an gewissen Orten Christen von der Synagoge „ausgestoßen", d. h. mit einem Bann belegt und damit aus der Gemeinschaft ausgestoßen.

Es kann nicht einmal ausgeschlossen werden, dass der Ausschluss aus der Gemeinschaft nur die Heidenchristen betroffen hat, da diese nicht die jüdischen Gebote befolgten. Die Auspeitschung und die „Ausstoßung" scheint nicht die Regel zwischen dem Verhältnis von Juden und Judenchristen gewesen zu sein, da Paulus bzw. seine Nachfolger noch in den Jahren 50-80 n.Chr.[43] akzeptierten, dass die Judenchristen die jüdischen Gebote befolgten:

„Nehmt den an, der im Glauben schwach ist, ohne mit ihm über verschiedene Auffassungen zu streiten. Der eine glaubt, alles essen zu dürfen, der Schwache aber isst kein Fleisch. Wer Fleisch isst, verachte den nicht, der es nicht isst; wer kein Fleisch isst, richte den nicht, der es isst. Denn Gott hat ihn angenommen. Wie kannst du den Diener eines anderen richten? Sein Herr entscheidet, ob er steht oder fällt. Er wird aber stehen; denn der Herr bewirkt, dass er steht. Der eine bevorzugt bestimmte Tage, der andere macht keinen Unterschied zwischen den Tagen. Jeder soll aber von seiner Auffassung überzeugt sein. Wer einen bestimmten Tag bevorzugt, tut es zur Ehre des Herrn. Wer Fleisch isst, tut es zur Ehre des Herrn; denn er dankt Gott dabei. Wer kein Fleisch isst, unterlässt es zur Ehre des Herrn, und auch er dankt Gott." (Röm 14,1-6.).

Ebenfalls:

„Darum soll euch niemand verurteilen wegen Speise und Trank oder wegen eines Festes, ob Neumond oder Sabbat." (Kol 2,16.).

Eine weitere Trennung vom Judentum war die Verlegung des „Tag des Herren" von Samstag auf Sonntag. Dieser Vorgang erfolgte sukzessive zwischen dem 2. und 4. Jh. n.Chr.

Zuerst hielten die Christen ihren Gedenktag zusätzlich am Sonntag ab, ohne den Samstag als Sabbat in Frage zu stellen. So heißt es:

„Als wir am ersten Wochentag (Sonntag war der erste Wochentag nach dem Sabbat) versammelt waren, um das Brot zu brechen," (Apg 20,7.).

Es scheint, dass die Absonderung der Judenchristen von den Juden örtlich unterschiedlichen Prozessen unterworfen war, da die Beschuldigungen der Kirchenväter, dass Judenchristen sich nicht vom Judentum lossagen, nicht bei jedem Kirchenvater anzutreffen sind.

Origenes behauptet, in seinen Homilien zu Leviticus 5,8 (GCS 6.349.4f), dass zu seinen (Sonntag-) Predigten Leute kommen würden, die offensichtlich am Vortag in der Synagoge waren. Es scheint daher, dass sich diese zum Christentum hingezogen fühlenden Juden vom „birkat ha-minim" – sollte dieses Gebet zur damaligen Zeit bestanden haben – nicht betroffen glaubten. Origenes führt weiter an, dass Jesus von Juden verflucht und verunglimpft wird. (Hom. Jer. X,8,2,; XIX,12,31; Hom. Ps. 27, II,8). Origenes war über den jüdischen Gottesdienst durch seine näheren Beziehungen zu Rabbinern bestens informiert. Daher ist es nicht wahrscheinlich, dass er bei der Erwähnung einer Verfluchung der Christen nicht auf jene Gebetsstelle im birkat ha-minim verwiesen hätte, wenn diese in Caesarea üblich gewesen wäre.[44]

29. Die judenchristliche Gemeinde

In den Brief des Ignatius an die Magnesier (ca. Mitte des 2. Jh. n.Chr.) wird auf solche Judenchristen, die die jüdischen Gesetze befolgten, besonders eingegangen[45]:

„Es ist nicht am Platze, Jesus Christus im Munde zu führen und nach dem Judentum zu leben." (10, 3.).

Ignatius fügt die Warnung hinzu:

„Lasset euch nicht verführen durch die falschen Lehren und die alten Sagen, die nichts nützen; denn wenn wir bis jetzt nach dem Judentum leben, gestehen wir zu, dass wir die Gnade nicht empfangen haben." (10, 8 -10.).

Gleichfalls scheint Ignatius ähnliche Nachrichten von Philadelphia über die dort herrschenden Zustände erhalten zu haben, Deshalb schreibt er an diese christliche Gemeinde: „Wenn aber bei euch einer judaistische Lehren verkündigt, so höret nicht auf ihn! Denn es ist besser, von einem Beschnittenen das Christentum zu hören, als von einem Unbeschnittenen Judaistisches zu lernen." (6,1.).

Im Brief an Diogenet (2.Jh. n.Chr.) sind folgende Abschnitte zu diesem Thema relevant: In den Kapiteln 3 und 4 werden die Juden beschuldigt einen unverständlichen und unnatürlichen Glauben zu haben, wobei wahrscheinlich diese Kapiteln an Judenchristen gerichtet sind. In diesen Kapiteln wird folgendes ausgeführt:

1. Sie huldigen noch einem Aberglauben, wobei die Ermahnung hinzugefügt wird, dass
2. auch ihr Opferdienst sinnlos sei und
3. nicht minder sind ihre übrigen religiösen Übungen verwerflich.

Kaiser Konstantin I. deklarierte am 7. März 321 n.Chr. den Sonntag als offiziellen Tag der Ruhe, an dem Märkte verboten waren und öffentliche Ämter geschlossen hielten (CJ 3.12.2). Allerdings gab es keine Einschränkungen für die landwirtschaftliche Arbeit, die die große Mehrheit der Bevölkerung betraf. Diese Bestimmung erschwerte es Juden und Judenchristen die Sabbatgebote einzuhalten. Auch schon vor dieser Deklaration war der Sabbat im römischen Reich nie arbeitsfrei; diesen konnten nur selbständige Juden beachten.

Aus dem Beschluss der Synode von Laodicea, in Phrygia Pacatiana, 364 n.Chr., sind folgende Kapitel für die judaisierenden Christen von Bedeutung:

Cn. 16 „Über die Lesung am Sabbat":

Am Sabbat sollen die Evangelien zusammen mit den anderen Schriften vorgelesen werden. (Unter „Anderen Schriften" sind vermutlich die aus der Hebräischen Bibel gemeint.).

Cn. 29: Es ist Christen nicht gestattet zu „judaisieren" und sich am Sabbat der Muße hinzugeben. Sie sollen vielmehr an diesem Tag arbeiten und den Herrentag höher achten...Wenn sie beim „Judaisieren" ertappt werden, sollen sie im Namen Christi (aus der Kirche) verbannt sein.

Cn. 37: Es ist nicht gestattet von Juden oder Häretikern gesandte Festgeschenke anzunehmen und auch nicht mit ihnen zu feiern.[46]

Wie Chrysostomos in seinem Werk „Adversus Judaeos" schreibt, hielt er in Antiochien 386/7 n.Chr. acht Predigten gegen die Juden, die aber im Grunde gegen judaisierende Christen gerichtet sind[47]:

4,3,5. „Was sind denn die Fragen? Ich werde jedem, der an dieser Krankheit leidet fragen: Bist du Christ? Warum dann dieser Eifer für die jüdische Praktiken? Sind Sie Jude? Warum dann bereiten Sie Schwierigkeiten für die Kirche? ... Wie also erwarten Sie von Abtrünnigen, dass sie durch ihre rechtswidrige Art und Weise ihr Leben retten? "

4.3.6. „Der Unterschied zwischen den Juden und uns ist nicht ein kleines, nicht wahr? Ist der Streit zwischen uns über normale, alltägliche Dinge, so dass Sie denken, die beiden Religionen sind wirklich ein und dasselbe? Warum vermischen Sie, was nicht vermischt werden kann? Sie kreuzigten den Christus, den du anbetest wie Gott. Siehst du, wie groß der Unterschied ist? Wie ist es also, dass Du zu denen läufst, die Christus töteten, wenn du sagst, dass du ihn kniefällig verehrst, den sie gekreuzigt haben?" Sie denken doch nicht, dass ich derjenige bin, der das Gesetz erlassen hat, auf denen diese Anklagen beruhen, noch, dass ich diese Anklagen verfasst habe? Hat nicht die Schrift die Juden in dieser Weise behandelt?"

In der Synode von Karthago 398 n.Chr. (?) ist u.a. folgendes Kapitel beschlossen worden:

Cn. 89: „.... Der ein Anhänger des jüdischen Aberglaubens und jüdischer Feiertage ist, soll aus der Kirchengemeinschaft ausgeschlossen werden."

Isidor von Sevilla († 4. April 636) hat um 560 in seinem Werk „Quaestiones adversus Iudaeos ac ceteros infideles" gleichfalls die judaisierenden Christen angegriffen.

Es könnte sein, dass es auch Schriften gab, die den judaisierenden Christen gegenüber nicht feindlich eingestellt waren, die aber später der christlichen Zensur zum Opfer gefallen sind. Es wäre sonst nicht möglich, dass im Mosaik von Sta. Sabinain Rom (vor 430 n.Chr.) zwei Frauen dargestellt wurden mit der jeweiligen Beschriftung „Ecclesia ex gentibus" und „Ecclesia ex circumcisione."

Beide Frauen halten ein aufgeschlagenes Buch in der Hand, das mit angedeuteten unterschiedlichen Schriftzeichen versehen ist.

Abb. 3. Mosaiken an der Westwand der Kirche Sta. Sabina in Rom vor 430 n.Chr.

Dies könnte bedeuten, dass bei der „Ecclesia ex circumcisione" das Alte Testament mit hebräischen und bei der „Ecclesia ex gentibus" das Neue Testament mit lateinischen oder griechischen Buchstaben dargestellt werden sollten. Wenn diese Judenchristen, die mit diesem Mosaik „Ecclesia ex circumcisione" als Bestandteil der Kirche hervorgehoben wurden, nicht ihre jüdische Tradition durch Generationen hindurch aufrecht gehalten hätten, und dazu auch noch die hebräische Schrift lesen konnten, dann hätten sie ihre Abstammung aus dem

Volk Israel sicherlich vergessen und die Darstellung der „zwei Kirchenteile" keinen Sinn gehabt haben.

In der Apsis der Kirche Sta. Pudenziana, ebenfalls in Rom, ist aus dem Ende des 4. Jhs. n.Chr. ein Mosaik erhalten geblieben, auf dem zwei Frauen den Aposteln Petrus (rechts) und Paulus (links) zwei Kränze reichen. Anzunehmen ist, dass diese Darstellung gleichfalls die Abstammung eines Teiles des Kirchenvolkes von Juden symbolisieren soll, wobei es wahrscheinlich ist, dass die Frau, die Petrus den Kranz reicht, die Ecclesia ex circumcisione symbolisieren soll.

Abb. 4. Das Apsismosaik der Kirche Sta. Pudenziana in Rom Ende des 4. Jh. n.Chr.

Ende des 4. Jhs. n.Chr. war es der Kirchenleitung ein Anliegen die innere Einheit zu festigen, weil der Arianismus und andere Häresien diese Einheit bedrohten. Es wäre möglich, dass deshalb die Auseinandersetzung der Heidenchristen mit den Judenchristen in den Hintergrund geraten ist. Um diesen Streit zu schlichten, sollte die Einheit der Kirche hervorgehoben werden, und deshalb wurde in der Ikonographie die Gleichberechtigung dieser beiden Herkünfte der Kirche betont. Es ist zumindest keine andere Erklärung für das plötzliche Auftauchen dieser Darstellungen anzunehmen, weil die Abbildung dieser beiden Frauen nur einige Jahrzehnte lang in den Kirchenmosaiken festzustellen sind.

Mehrere nicht leicht zu erklärende Mosaike mit Abbildung von zwei Stieren links und rechts von einem brennenden Altar sind aus dem 5. und 6. Jh. in Jordanien aufgefunden worden. Der Forscher, Pater Michele Piccirillo, schreibt dazu folgendes: „The inclusion of a quotation from Psalm 51 („Then they shall lay calves upon Your altar"), in the composition of two bulls on either side of a burning altar found in both the Theotokos Chapel and the Church of Sts. Lot and

Procopius on Mount Nebo and in the church on the acropolis at Main makes the scene an allegory of sacrifice."[48]

Abb. 5. Mosaik in der Kirche S.S. Lot und Procopius am Berg Nebo, Anfang 6. Jh. n.Chr. Jordanien.

Dankenswerter Weise hat Pater Picciorillo den Verfasser auf die Verwendung dieser griechischen Worte im obigem Bild, als Worte aus dem Psalm 51,21b im byzantinischen Messritus hingewiesen: In der „Göttlichen Liturgie des St. Johannes Chrysostomos" beweihräuchert der Priester dreimal die „Gaben" und wiederholt dreimal „dann opfert man Stiere auf deinem Altar."[49] Der Psalm Vers 51,20f. lautet: „In deiner Huld tu Gutes an Zion; bau die Mauern Jerusalems wieder auf! Dann hast du Freude an rechten Opfern, an Brandopfern und Ganzopfern, dann opfert man Stiere auf deinem Altar."

Wollte man für die Eucharistie eine Allegorie finden, so ist es eigenartig, dass dazu ein Vergleich mit dem Wiederaufbau Jerusalems herangezogen wurde. Die angeführte „Göttliche Liturgie" stammt nicht von Johannes Chrysostomos, obwohl ihm dieser Text zugeschrieben wurde. Siehe Abb. 5, 6 und 7, wobei das zuletzt erwähnte Bild einen Ausschnitt aus der Abb. 6 darstellt. In diesem Ausschnitt ist das Innere des Tempels mit dem Brandopfer zu erkennen.

Ich stimme mit Pater Picciorillo überein, dass es sich hier um eine Allegorie handelt. Solche christliche Allegorien sind zumeist nach dem Schema Verheißung – Erfüllung zu verstehen. Die Frage ist, um welche Verheißung es sich hier handelt. Ist die Verheißung die Eucharestie oder der Wiederaufbau Zions und seines Heiligtums? In der christlichen Ikonographie ist die Erfüllung stets im Vordergrund. In wenigen Ausnahmen ist diese in eine Bildfolge eingefügt. wo zuerst die Verheißung, aber dann auch die Erfüllung abgebildet ist. Die angeführten Mosaiken scheinen die Erfüllung in den Vordergrund zu stellen. Es wäre auch nicht leicht erklärlich, dass das Schlachten der Stiere im Himmel erfolgt, wo nach jüdischer Ansicht das Heiligtum als Vorbild des irdischen Heiligtum steht.

Ein Mosaik mit dem gleichen Bildinhalt ist in der Nähe des oben abgebildeten Mosaiks ebenfalls am Berg Nebo vorhanden:

Abb. 6. Mosaik in der Theotokos Kapelle der Mose Basilika am Berg Nebo, Anfang 6. Jh. n.Chr. Jordanien.

Das nachstehende Bild, ein Ausschnitt aus dem vorhergehenden Mosaik zeigt das erwartete Heiligtum mit dem Brandaltar:

Abb. 7. Mosaik in der Theotokos Kapelle der Mose Basilika am Berg Nebo, Anfang 6. Jh. n.Chr , Jordanien, Ausschnitt: Das Heiligtum.

Diese Mosaiken könnte auf eine judaisierende christliche Sekte hinweisen, die im 5. Und 6. Jh. den Wiederaufbau des Tempels erwartet hatte. Diese Erwartung und die damit verbundenen Opfertiere würden der christlichen Auffassung widersprechen, wonach mit der Selbstopferung Jesu die Opferdarbringung im Tempel obsolet geworden ist., wie dies in Heb 7,25-27 beschrieben ist:

„Daher kann er auch bis aufs äußerste die retten, welche durch ihn zu Gott kommen, da er immerdar lebt, um für sie einzutreten! Denn ein solcher Hoherpriester geziemte uns, der heilig, unschuldig, unbefleckt, von den Sündern abgesondert und höher als der Himmel ist, der nicht wie die Hohenpriester täglich nötig hat, zuerst für die eigenen Sünden Opfer darzubringen, danach für die des Volkes; **denn das hat er ein für alle Mal getan, indem er sich selbst zum Opfer brachte.**" (Heb 7,25-27.).

Aus diesen Ausführungen ergibt sich, dass der christliche Antijudaismus in der Gegnerschaft der Kirche zu den Judenchristen ihren Ursprung hat.

30. Das Christentum das wahre Israel?

Aussagen der Hebräischen Bibel wurden in der christlichen Lehre auf das Neue Testament hin gedeutet. In den Augen der Christen wurde dadurch dem Judentum seine theologische Grundlage entzogen, da die Hebräische Bibel keinen Eigenwert mehr besaß. Sie wurde lediglich als „Verheißung" gesehen, die im Neuen Testament ihre „Erfüllung" gefunden hat.

Die Deutung der Aussagen der Hebräischen Bibel in Hinblick auf das Neue Testament wurde „Typologie" genannt und Kirchengelehrte überboten sich im Auffinden solcher Typologien. Die Typologie bildete eine Klammer zwischen der Hebräischen Bibel und dem Neuen Testament und wurde als Beweis gewertet, dass das Christentum das „wahre Judentum" verkörpert. Damit Hand in Hand ging die Bezeichnung des Judentums als „Spätjudentum", dessen Existenz keine theologische Berechtigung hatte, da die Hebräische Bibel nur aus dem Gesichtspunkt des Neuen Testamentes verständlich und gültig ist. Die Hebräische Bibel wurde lediglich als Zeuge für die Richtigkeit der christlichen Lehren gesehen. Von den Christen wurde diesem Zeugnis umso größeren Wert beigemessen, weil es von ihren Gegnern, den Juden stammt.

Schon Paulus bedient sich solcher Typologien, wie z. B. in Gal 4,22-26.: „In der Schrift wird gesagt, dass Abraham zwei Söhne hatte, einen von der Sklavin, den andern von der Freien. Der Sohn der Sklavin wurde auf natürliche Weise gezeugt, der Sohn der Freien aufgrund der Verheißung. Darin liegt ein tieferer Sinn: Diese Frauen bedeuten die beiden Testamente. Das eine Testament stammt vom Berg Sinai und bringt Sklaven zur Welt; das ist Hagar – denn Hagar ist Bezeichnung für den Berg Sinai in Arabien –, und ihr entspricht das gegenwärtige Jerusalem, das mit seinen Kindern in der Knechtschaft lebt. Das himmlische Jerusalem aber ist frei, und dieses Jerusalem ist unsere Mutter."

Zur Typologie, wie schon oben geschildert, gehören auch die Schriftauslegungen, die das Christentum als das wahre Israel im Vergleich mit dem, vom göttlichen Weg abgekommenen Judentum schildern. Als Beispiel soll aus dem paulinischen Brief Röm 9,6-9. zitiert werden: „Es ist aber keineswegs so, dass Gottes Wort hinfällig geworden ist. Denn nicht alle, die aus Israel stammen, sind Israel; auch sind nicht alle, weil sie Nachkommen Abrahams sind, deshalb schon seine Kinder, sondern es heißt: Nur die Nachkommen Isaaks werden deine Nachkommen heißen. Das bedeutet: Nicht die Kinder des Fleisches sind Kinder

Gottes, sondern die Kinder der Verheißung werden als Nachkommen anerkannt, denn es ist eine Verheißung, wenn gesagt wird: In einem Jahr werde ich wiederkommen, dann wird Sara einen Sohn haben."

Paulus zeigt im folgenden Beispiel, wie Israel von der Wurzel des wahren Judentums entfernt wurde und wie an seiner Stelle das Christentum eingepflanzt wurde:

„Ist die Erstlingsgabe vom Teig heilig, so ist es auch der ganze Teig; ist die Wurzel heilig, so sind es auch die Zweige. Wenn aber einige Zweige herausgebrochen wurden und wenn du als Zweig vom wilden Ölbaum in den edlen Ölbaum eingepfropft wurdest und damit Anteil erhieltest an der Kraft seiner Wurzel, …" (Röm 11.16.).

Auch in den Evangelien wird die Hebräische Bibel so dargestellt, dass diese nur durch die Aussagen Jesus verständlich ist:

„Alles muss in Erfüllung gehen, was im Gesetz des Mose, bei den Propheten und in den Psalmen über mich (Jesus) gesagt ist. Darauf öffnete er ihnen die Augen für das Verständnis der Schrift." (Lk 24,44f.).

Sowie:

„Ihr erforscht die Schriften, weil ihr meint, in ihnen das ewige Leben zu haben; gerade sie legen Zeugnis über mich ab." „Wenn ihr Mose glauben würdet, müsstet ihr auch mir glauben; denn über mich hat er geschrieben. Wenn ihr aber seinen Schriften nicht glaubt, wie könnt ihr dann meinen Worten glauben?" (Joh 5,39. und 46f.).

In den Evangelien wird auch betont, dass die Juden nicht mehr an der Berufung Israels Teil haben: „Da werdet ihr heulen und mit den Zähnen knirschen, wenn ihr seht, dass Abraham, Isaak und Jakob und alle Propheten im Reich Gottes sind, ihr selbst (die Juden) aber ausgeschlossen seid. Und man wird von Osten und Westen und von Norden und Süden kommen und im Reich Gottes zu Tisch sitzen." (Lk 13,28f.).

Ebenfalls:

„Ich (Jesus) sage euch: Viele werden von Osten und Westen kommen und mit Abraham, Isaak und Jakob im Himmelreich zu Tisch sitzen; die aber, für die das Reich bestimmt war (die Juden), werden hinausgeworfen in die äußerste Finsternis; dort werden sie heulen und mit den Zähnen knirschen." (Mat 8,11f.).

Diese Ansicht im Neuen Testament, wonach das Christentum das "wahre Israel" repräsentiert, wird auch von späteren Kirchenlehrern weitergeführt. Aus der Mitte des 2. Jhs. n.Chr. soll dies das folgende Zitat belegen:

„Das wahre, geistige Israel nämlich und die Nachkommen Judas, Jakobs, Isaaks und Abrahams, der trotz seiner Vorhaut, infolge seines Glaubens, von Gott sein Zeugnis erhielt, von ihm gesegnet und zum Vater vieler Völker ernannt wurde, das sind wir, die wir durch diesen gekreuzigten Christus zu Gott geführt wurden," (Justin, Dialog mit dem Juden Trypho 11,5.).

Eine Typologie Tertullians (um 150 – um 230) hatte für das Judentum verheerende Folgen: Der Vers Gen 25,23, dessen Aussage sich auf Esau und Jakob bezieht, lautet folgendermaßen: „Der Herr gab diese Antwort: Zwei Völker sind in deinem (Rebekkas) Leib, zwei Stämme trennen sich schon in deinem Schoß. Ein Stamm ist dem andern überlegen, *der ältere muss dem jüngeren dienen.*" Tertullian bezieht diese Aussage auf die Juden als das ältere Volk, das dem jüngeren Volk, den Christen, zu dienen hat. (Adversus Iudaeos I,1.). Diese Typologie führte immer wieder zur Entrechtung der Juden.

Von Augustinus (354 – 430 n.Chr.) stammt der oft zitierte Satz: „Novum Testamentum in Vetere latet, et in Novo Vetus patet" („Das Neue Testament liegt im Alten verborgen, das Alte wird im Neuen offenbar." Quaestiones in Heptateuchum 2,73.).

In seinem Werk „Der Gottesstaat" (18,46) führt Augustinus folgendes aus: „„…sie dienen uns, sage ich, durch ihre Schriften zum Zeugnis, dass die Weissagungen über Christus nicht ein Machwerk der Christen sind. …Uns allerdings genügen die Weissagungen, die sich aus den Schrifttexten unserer Gegner hervorholen lassen; und eben wegen dieses Zeugnisses, das sie uns wider Willen leisten dadurch, dass sie die Texte besitzen und bewahren, sind sie selbst über alle Völker hin verstreut, soweit sich die Kirche erstreckt. Das steht uns fest; denn es ist darüber eine Weissagung enthalten in den Psalmen, die auch sie lesen; dort heißt es[50]: ‚Mein Gott ist er, sein Erbarmen wird mir zuvorkommen; mein Gott hat es mir erwiesen in meinen Feinden; **töte sie nicht**, damit sie nicht dereinst dein Gesetz vergessen; **zerstreue sie** in deiner Kraft.' Gott hat also der Kirche in ihren Feinden, den Juden, die Gnade seines Erbarmen erwiesen, da wie der Apostel sagt (in Röm 11,11) ihre Sünde[51] für die Heiden zum Heile geworden ist; und er hat sie deshalb nicht getötet, d.h. ihre Eigenschaft als Juden nicht vernichtet, obwohl sie von den Römern besiegt und unterdrückt wurden, damit sie nicht das Gesetz Gottes vergessend, untauglich würden zu Ablegung des Zeugnisses, das wir hier meinen. Nicht genug darum, dass er sagte: „**Töte sie nicht**, damit sie nicht dereinst dein Gesetz vergessen", fügte er auch noch bei: „**Zerstreue sie**"; denn wären sie mit diesem Schriftzeugnis nur in ihrem eigenen Lande und nicht überall anzutreffen, so hätte ja die Kirche, die überall ist, sie nicht zur Verfügung als Zeugen bei allen Völkern für die Weissagungen, die über Christus vorausgeschickt worden sind." „Weil sie als Zeugen für die Kirche nötig und von Gott vorgesehen seien, dürfe man sie nicht töten, sie trügen ein Kainsmal[52] auf der Stirne.[53]

Diese Ansicht Augustinus' hat lange die christliche Theologie geprägt. Noch Blaise Pascal (1623 -1662 n.Chr.) notiert in seinem Werk „Pensées": „(…) und es (das jüdische Volk) muss weiterbestehen, um ihn (Jesus) zu beweisen, und es muss im Elend sein, weil sie ihn gekreuzigt haben".

Während der Massaker, die die Kreuzfahrer 1096 im Rheinland an der jüdischen Bevölkerung begangen haben, wurden Stimmen laut, die Juden als Ungläubige mit den Muslimen gleichzusetzen, um so die begangenen Gräueltaten zu verteidigen. Als theologische Rechtfertigung wurde behauptet, dass die augustinische Auffassung über die Nützlichkeit der Juden für den Nachweis der Wahrheit der christlichen Lehre deshalb nicht mehr gelte, weil die Juden von der ursprünglichen Fassung der Hebräischen Bibel abgekommen seien und sich dem Talmud zugewendet haben. Damit sei das „töte sie nicht" obsolet geworden.

Der Tradition entsprechend schreibt auch Augustinus in seinem Traktat „Adversus Iudaeos" (PL 42, 5. 27f.), dass nur die Kirche als das „wahre Israel" angesehen werden kann. Solche Ausführungen von Kirchenmännern sind in der Spätantike nicht selten:

Im **„Dialogus Christiani et Judaei"** aus dem 5. oder 6. Jh. n.Chr. wird die Ablösung des Judentums durch das Christentum aus den Worten des Propheten Jeremia entnommen: „Seht, es werden Tage kommen – Spruch des Herrn –, in denen ich mit dem Haus Israel und dem Haus Juda einen neuen Bund schließen werde, …" (31,31.).

Erst das II. Vatikanische Konzil, das vom 11. Oktober 1962 bis zum 8. Dezember 1965 stattfand, hat in seiner Erklärung NOSTRA AETATE über das Verhältnis der Kirche zu den nichtchristlichen Religionen im Kapitel 4 folgendes festgehalten: „Nichtsdestoweniger sind die Juden nach dem Zeugnis der Apostel immer noch von Gott geliebt um der Väter willen; sind doch seine Gnadengaben und seine Berufung unwiderruflich."

Damit ist die Kirche den Worten Paulus gefolgt: „Gott hat sein Volk nicht verstoßen, das er sich zuvor erwählt hat ... Nicht Du trägst die Wurzel, sondern die Wurzel trägt Dich!" (Röm11,2.18.). Diese Aussage Pauli widerspricht der langjährigen Lehre der Kirche, allein das „wahre Israel" zu sein.

Ebenfalls im Kapitel 4 der Erklärung NOSTRA AETATE wird als Hinweis der Hebräischen Bibel auf das Christentum folgendes angeführt: „…in dem Auszug des erwählten Volkes aus dem Lande der Knechtschaft (ist) das Heil der Kirche geheimnisvoll vorgebildet. Deshalb kann die Kirche auch nicht vergessen, dass sie durch jenes Volk, mit dem Gott aus unsagbarem Erbarmen den Alten Bund geschlossen hat, die Offenbarung des Alten Testamentes empfing und genährt wird von der Wurzel des guten Ölbaums, in den die Heiden als wilde Schösslinge eingepfropft sind." Damit folgte das Konzil der Exegese der Bibelwissenschaftler, die die Typologie als Mysterium empfunden haben.

Stuart George Hall hat in der Theologischen Realenzyklopädie[54] eine Übersicht über die Stellungnahmen führender Theologen über die Typologie gegeben. Er führt eine Anzahl von Theologen an, die die Typologie für ein wesentliches Element zum Verstehen des Christentums halten und damit die Hebräische Bibel nur aus dem Gesichtspunkt des Neuen Testamentes bewerten.[55] Zwei abweichende Stellungnahmen möchte ich hervorheben:

Karl Gustav Adolf Harnack, (1851– 1930) ein bedeutender protestantischer Theologe, meinte, dass das Alte Testament keine Bedeutung für das Neue Testament hat.[56]

Papst Benedikt XVI. sah im Jahre 2007 in Harnack einen Theologen, der das Erbe des Häretikers Marcion (85–160 n. Chr.) vollstrecken wollte, nämlich die Christenheit von der Verbindung zum Alten Testament zu lösen.[57]

Der jüdische Theologe Marc H. Ellis (* 1952) sieht in der Typologie eine Methode, mit der nicht die Hebräische Bibel, sondern das Neue Testament verständlich wird.[58]

Hall hat in seinen Ausführungen über den Ertrag seiner Untersuchungen folgendes festgestellt: „Die Typologie darf daher immer noch als angemessene Zugangsweise genutzt werden, allerdings ohne den Anspruch, allein den ‚wahren' oder einzigen Sinn des Textes zu erheben."[59]

31. Nachwort

Nachdem die divergierenden Ansichten zwischen dem Christentum und dem Judentum, die vor allem in den ersten beiden Jahrhunderten unserer Zeitrechnung entstanden sind, beschrieben wurden, sollen nachstehend die wesentlichen Unterschiede, die heute diese beiden Religionen voneinander trennen, zusammengefasst werden. Zu bemerken ist, dass es sowohl in den christlichen als auch in den jüdischen Religionsgemeinschaften Gruppierungen gibt, die in manchen Glaubensartikeln voneinander abweichen.

31.1 Der Gottesbegriff

Beide Religionen sehen in Gott die höchste Instanz der Welt. Wir könnten daher den Gott Israels mit dem Gottvater der Christen gleichsetzen. Das Trennende besteht in der christlichen Annahme der Dreifaltigkeit und hier insbesondere in Jesus als Sohn Gottes. Auch für Christen ist die Person Jesu, als Teil des Gottesbegriffes nicht einfach zu erklären, da gemäß dem Konzilsbeschlusses von Chalzedon von 451 n.Chr. „Unser Herr Jesus Christus ist ... wesensgleich dem Vater der Gottheit nach ... wesensgleich ... derselbe der Menschheit nach ... in zwei Naturen unvermischt, unverändert, ungeteilt und ungetrennt ... Zusammenkommen zu *einer* Person und *einer* Hypostase, nicht durch Teilung oder Trennung in zwei Personen, sondern ein und derselbe einzig geborene Sohn, Gott, Logos, ...".

Das Problem ergibt sich in der Annahme des Dreifaltigen Gottes, da von Menschen im einzigen Gott wohl unterschiedliche Teilbereiche wahrgenommen werden können, die aber alle wesensgleich sein müssen, da es sich sonst nicht um einen Gott handeln kann. Da aber laut „Chalzedon" „Jesus ... in zwei Naturen **unvermischt, unverändert, ungeteilt und ungetrennt**" verehrt wird, kann in der Dreifaltigkeit trotz dieses Einheitsgebotes, nur der göttliche Teil inkludiert sein. Dieses Problem wird durch die Annahme von drei Personen, die den dreifaltigen Gott bilden, übergangen, da der Personenbegriff gewisse Unschärfe enthält.

Solche Teilbereiche des einen Gottes sind dem Judentum nicht fremd. Es gibt, wie oben ausgeführt wurde, in dieser Religion auch den heiligen Geist und die

Schechinah. Der zuletzt genannte Ausdruck kommt im Talmud vor und bedeutet Gottes Anwesenheit, wobei hinzugesetzt wird „als ob dies überhaupt möglich wäre". Die Rabbinen wollten bei der Verwendung des Wortes Schechinah für die göttliche Anwesenheit vermeiden, dass dieser Begriff, als zweite Gottheit verstanden werden könnte. Auch in der Kabbala werden Kraftzentren in der Göttlichkeit wahrgenommen. Für den richtenden und barmherzigen Gott wurden die Begriffe Middat ha- Din und Middat ha-Rahamim geprägt. Es handelt sich dabei um Gottes Handlungsweise dem Menschen gegenüber vor dem göttlichen Gericht. Der erste Begriff bezeichnet das Urteil auf Grund der Legalität, d.h. des strengen Rechtes, während der zweite Begriff Gottes Gnade ausdrückt.

31.2 Jesus als Messias

Wie schon erwähnt, gibt es im Judentum den Begriff „Messias ben Josef" oder Messias ben Ephraim", der einen kommenden Messias bezeichnet. Diesem gelingt es nicht seiner Aufgabe gerecht zu werden und wird in Folge dessen umgebracht. Nach ihm wird der Messias ben David erwartet. Die erwartete Wiederkunft Jesu als Erlöser, kann mit der Erwartung Israels auf einen Messias ben Juda gleichgesetzt werden.

31.3 Die Verehrung Jesu

Für Juden ist es undenkbar eine Gottheit zu verehren, die früher als Mensch gelebt hat und die wesensgleich mit der Menschheit ist, da dies dem jüdischen monotheistischen Glauben widersprechen würde. Zu unterscheiden ist aber die Bitte um Interzession bei Gott, die auch im Judentum an Patriarchen oder an Elija gerichtet werden. Als Beispiel hierfür soll das Beten etwa am Rachelgrab, in der Elijagrotte bei Haifa oder auch in den Wallfahrten zu Gräbern von hochgeachteten Rabbinern, vor allem in der marokkanisch-jüdischen Tradition, angeführt werden.

31.4 Die Jenseitserwartung

Zwischen der christlichen und der jüdischen Jenseitserwartung gibt es keinen Unterschied, da in beiden Religionen an die Auferstehung des Leibes am Ende der Zeiten geglaubt wird.[60]Im Christentum wird der himmlische Leib nicht mit dem irdischen Leib gleichgesetzt, während im orthodoxen Judentum an die Auferstehung des irdischen Leibes geglaubt wird.

31.5 Die Himmlische Wesen

Es glauben vor allem orthodoxe Juden und Christen an himmlische Wesen, wie Engel oder die Menschen Elija und Henoch. Diese beide könnten einmal wieder zur Erde kommen, da sie nach wörtlicher Auslegung der Hebräischen Bibel ohne zu sterben zu Gott gekommen sind. Bei Christen gewisser Glaubensrichtung gehören dazu auch Maria, die Mutter Jesu und Heilige. An diese werden, als Vermittler zu Gott, auch Gebete gerichtet.

32. Danksagung

Herrn Professor Günter Stemberger, der freundlicherweise bereit war die erste Fassung meines Manuskriptes durchzulesen und entsprechende Bemerkungen hinzugefügt hat, möchte ich ganz herzlich meinen Dank aussprechen. Ich habe einen Teil dieser Bemerkungen in den Text verarbeitet, während andere sich in den Fußnoten befinden.

33. Literaturverzeichnis

Avery-Peck, Alan J, When Judaism and Christianity Began: Essays in Memory of Anthony J. Saldarini, Leiden 2004.

Attridge, Harold W., The Epistle of the Hebrews and the scrolls, in Avery-Peck, Alan J, When Judaism and Christianity Began: Essays in Memory of Anthony J. Saldarini, Leiden 2004, 315-342.

Augustinus, Aurelius, zweiundzwanzig Bücher über den Gottesstaat. Aus dem Lateinischen übers. von Alfred Schröder. (Des heiligen Kirchenvaters Aurelius Augustinus ausgewählte Schriften 1-3, Bibliothek der Kirchenväter, 1. Reihe, Band 01, 16, 28) Kempten; München 1911-16.

Baltzer, Klaus, Die Biographie der Propheten, Neukirchen-Vluyn 1975.

Bauckham, Richard, The Fate of the Dead, Studies on the Jewish and Christian Apokalypses, Heidelberg 1964.

Baumotte, Manfred, Texte aus drei Jahrhunderten, Gütersloh 1984.

Boccaccini, Gabriele, (Hg.) 1. Enoch and the Messiah Son of Man: Revisiting the Book of Parables, Grand Rapids 2007.

Bonz, Marianne Palmer, The Jewish Donor Inscriptions from Aphrodisias: Are they both Third-Century, and who are the Theosebeis?, in Harvard Studies in Classical Philology 96 (1994) 281-299.

Borgen, Peder, Philo of Alexandria, an exegete for his time, Leiden 1997.

Botermann, Helga, Griechisch-jüdische Epigraphik, in Zeitschrift für Papyrologie und Epigraphik 98 (1993) 184 – 121.

Bornkamm, Günther, Studien zum Matthäus-Evangelium, Neukirchen-Vluyn 2009.

Boyarin, Daniel, Border lines <dt.> Abgrenzungen die Aufspaltung des Judäo-Christentums, Berlin 2009.

Brugger, Eveline, Die Wehen des Messias, Berlin 2001.

Cavallin, Hans C., Leben nach dem Tode im Spätjudentum und im frühen Christentum, I. Spätjudentum, in Aufstieg und Niedergang der römischen Welt, II.

Chiala, Sabino, Libro delle Parabole di Enoch, Brescia 1997.

Chilton, Bruce, James and the (Christian) Pharisees, in Avery-Peck, Alan J, When Judaism and Christianity Began: Essays in Memory of Anthony J. Saldarini, Leiden 2004, 18 – 47.

Chrysostomus, Johannes, La divine liturgie de S. Jean Chrysostome, Rom 1986.

Chrysostomos Johannes, Harkins, Paul W., (Übers.) Discourses Against Judaizing Christians (The Fathers of the Church, 68), Washington DC 1999.

Collins, Adela Yarbro,King and Messiah as Son of God, Grand Rapids, Mich. 2008.

Collins, John J. [Hrsg.] The origins of apocalypticism in judaism and christianity, New York NY 1998.

Collins, John James,the Messiahs of the Dead Sea Scrolls and other ancient literature, New York NY 1995.

Conzelmann, Hans, Geschichte des Urchristentums, Göttingen 1983.

Danz, Christian, [Hrsg.] Zwischen historischem Jesus zum Stand der Christologie im 21. Jahrhundert, Tübingen 2010.

Denis, Albert-Marie, Introduction aux Pseudépigraphes grecs d'Ancien Testament, Leiden 1970.

Döpp, Siegmar [Hrsg.] Lexikon der antiken christlichen Literatur, Freiburg im Breisgau 2002.

Ephraim der Syrer (aus der Schule), Die Schatzhöhle (m'arrat gazzê), aus dem syrischen Texte drei unedierten Handschriften in's Deutsche übersetzt und mit Anmerkungen versehen von Carl Bezold, Leipzig 1883.

Fabry, Heinz-Josef, Im Brennpunkt: Die Septuaginta, Studien zur Entstehung und Bedeutung der griechischen Bibel, Stuttgart 2002.

Flusser, David, Judaism of the Second Temple period, Bd.1 und 2, Grand Rapids, Mich. 2007- 2009.

Flusser, David, Bemerkungen eines Juden zur christlichen Theologie, München 1984, in Abhandlungen zum christlich-jüdischen Dialog Nr. 16.

Frankemölle, Hubert, Der Jude Jesus, Mainz am Rhein 2003.

Hall, Stuart George, Typologie, in: Theologische Realenzyklopädie 34 (2002), S. 208-224.

Hare, Douglas, How Jewish ist he Gospel of Matthew?, in Catholic Biblical Quaterly 62 (2000) 264-277.

Harris, Stephen L., Understanding the Bible. Palo Alto 1985.

Hengel, Martin, Die Zeloten.Untersuchungen zur jüdischen Freiheitsbewegung in der Zeit von Herodes I. bis 70 n. Chr., Leiden 1961.

Hengel, Martin, Judentum und Hellenismus, Tübingen 1969.

Hoffmann, Andreas Gottlieb, (Übers. u. Hersg.) Das Buch Henoch, May, 2003.

Hollander, Harm W., und de Jonge, Marinus, The Testament of the Twelve Patriarchs, Leiden 1985.

Horseley, Richard, a., The Pharisees and Jesus in Galilee and Q, in Avery-Peck, Alan J, When Judaism and Christianity Began: Essays in Memory of Anthony J. Saldarini, Leiden 2004, 117-145.

Hurtado, Larry W., How on earth did Jesus become a god? Historical questions about earliest devotion to Jesus, Grand Rapids, Mich. 2006.

Hurtado, Larry W., Lord Jesus Christ: Devotion to Jesus in the Earliest Christianity, Grand Rapids 2003.

Hurtado, Larry W., One God, One Lord. Early Christian Devotion and Ancient Jewish Monotheism, Philadelphia 1988.

Josephus Flavius, Der Jüdische Krieg und Kleinere Schriften. Übersetzt und mit Einleitung und Anmerkungen versehen von Heinrich Clementz, Wiesbaden 2005.

Josephus Flavius, Jüdische Altertümer. Übersetzt und mit Einleitung und Anmerkungen versehen von Heinrich Clementz. Wiesbaden 2004.

Kilian, Rudolf, Relecture in Psalm 110, in Studien zu alttestamentlichen Texten und Situationen, SBAB 28, Stuttgart 1999.

Lohfink, Gerhard, Die Himmelfahrt Jesu, Untersuchungen zu den Himmelfahrts- und Erhöhungstexten bei Lukas, München 1979.

Maier, Johann, Geschichte der jüdischen Religion: von der Zeit Alexander des Grossen bis zur Aufklärung mit einem Ausblick auf das 19./20. Jahrhundert, Berlin 1972.

Marcus Joel, John the Baptist and Jesus, in Avery-Peck, Alan J, When Judaism and Christianity Began: Essays in Memory of Anthony J. Saldarini, Leiden 2004, 179-197.

Müller, Klaus, Tora für die Völker die noachidischen Gebote und Ansätze zu ihrer Rezeption im Christentum, Berlin 1994.

Murphy, Frederick J., The Jewishness of Matthew, in Avery-Peck, Alan J, When Judaism and Christianity Began: Essays in Memory of Anthony J. Saldarini, Leiden 2004, S. 377-403.

Oegema, Gerbern S., Der Gesalbte und sein Volk,Untersuchungen zum Konzeptualisierungsprozeß der messianischen Erwartungen von den Makkabäern bis Bar Koziba, Göttingen 1994.

Pascal, Louis, Pensées sur la religion et sur quelques autres sujets, |Avant-propos et notes, Paris 1960.

Philonenko-Sayar, Belkis und Philonenko, Marc, Die Apokalypse Abrahams, Gütersloh 1982.

Piccirillo, Michele, The Mosaics of Jordan, Amman 1993.

Sanders, Ed Parish, Judaism : practice and belief; 63BCE – 66CE, London 2005.

Sanders, Ed Parish, Sohn Gottes, Stuttgart 1996.

Schäfer, Peter, Die Geburt des Judentums aus dem Geist des Christentums, Tübingen 2010.

Schiffman, Lawrence H., The Dead Sea scrolls fifty years after their discovery, proceedings of the Jerusalem Congress, July 20 – 25, 1997, Jerusalem 2000.

Schubert, Kurt, Die Entwicklung der Auferstehungslehre von der nachexilischen bis zur frührabbinischen Zeit, in BZ 6 (1962) 177-214.

Schubert, Kurt, Das Problem der Auferstehungshoffnung in den Qumrantexten und in der frühen rabbinischen Literatur, in WZKM 56 (1960) 154-167.

Segal, Alan F. Paul the convert, the apostolate and apostasy of Saul the Pharisee, New Haven 1990.

Segal, Allan F., Haevenly Ascent in Hellenistic Judaism, Early Christianity and their Environment, in Aufstieg und Niedergang der römischen Welt II 23.2, S.1333-1394.

Stegemann, Wolfgang, Jesus und seine Zeit, Stuttgart 2010, in Biblische Enzyklopädie Nr. 10.

Stegemann, Wolfgang, Biblische Enzyklopädie 10. Jesus.

Tobin, Thomas, S.J., Logos, in ABD 4, New York 1992, 348-56.

Udoh, Fabian E., Redefining first-century Jewish and Christian identities: essays in honor of Ed Parish Sanders, Notre Dame, Ind. 2008.

Ueberweg, Friedrich, Grundriß der Geschichte der Philosophie, Darmstadt 1877.

Weinfeld, Moshe, Deuteronomy, in Enc. Jud., Jerusalem 1972, Bd. 5. Sp. 1582.

Wilamowitz-Moellendorff, Ulrich von, Der Glaube der Hellenen, Darmstadt 1959[3].

Witherington, Ben, The Jesus the third search for the Jew of Nazareth, Downers Grove, Ill. 1995.

Wohlmuth, Josef, Die Tora spricht die Sprache der Menschen, theologische Aufsätze und Meditationen zur Beziehung von Judentum und Christentum, Paderborn 2002.

Zenon aus Kition, Im Ueberweg, „Die Philosophie des Altertums, im Ueberweg, Grundriß der Geschichte der Philosophie, Darmstat 1877. Bd. 1.

34. Abkürzungen der biblischen Bücher, die erwähnt wurden

34.1 Die Hebräische Bibel bzw. das Alte Testament

Gen	Das Buch Genesis
Ex	Das Buch Exodus
Lev	Das Buch Levitikus
Num	Das Buch Numeri
Dtn	Das Buch Deuteronomium
Jos	Das Buch Josua
Ri	Das Buch der Richter
Rut	Das Buch Rut
1 Sam	Das erste Buch Samuel
2 Sam	Das zweite Buch Samuel
1 Kön	Das erste Buch der Könige
2 Kön	Das zweite Buch der Könige
1 Chr	Das erste. Buch der Chronik
2 Chr	Das zweite Buch der Chronik
Neh	Das Buch Nehemia
1 Makk	Das erste Buch der Makkabäer
2 Makk	Das zweite Buch der Makkabäer
Hiob	Das Buch Hiob
Ps	Die Psalmen
Spr	Das Buch der Sprichwörter
Koh	Das Buch Kohelet
Hld	Das Hohelied
Weish	Das Buch der Weisheit
Jes	Das Buch Jesaja
Jer	Das Buch Jeremia
Ez	Das Buch Ezechiel
Dan	Das Buch Daniel
Hos	Das Buch Hosea
Am	Das Buch Amos
Jona	Das Buch Jona

Mi	Das Buch Micha
Sach	Das Buch Sacharja
Mal	Das Buch Maleachi

34.2 Das Neue Testament

Mt	Das Evangelium nach Matthäus
Mk	Das Evangelium nach Markus
Lk	Das Evangelium nach Lukas
Joh	Das Evangelium nach Johannes
Apg	Die Apostelgeschichte
Röm	Der Brief an die Römer
1 Kor	Der erste Brief an die Korinther
2 Kor	Der zweite Brief an die Korinther
Gal	Der Brief an die Galater
Eph	Der Brief an die Epheser
Phil	Der Brief an die Philipper
Kol	Der Brief an die Kolosser
1Thess	Der erste Brief an die Thessalonicher
2Thess	Der zweite Brief an die Thessalonicher
1Tim	Der erste Brief an Timotheus
2Tim	Der zweite Brief an Timotheus
Tit	Der Brief an Titus
Hebr	Der Hebräerbrief
1Petr	Der erste Brief an Petrus
2Petr	Der zweite Brief an Petrus
1Joh	Der erste Brief an Johannes
2Joh	Der zweite Brief an Johannes
Apk	Die Johannes-Apokalypse (Offenbarung des Johannes)

34.3 Außerkanonische Bücher

Tob	Tobit
Jdt	Judith
1 Makk	1 Makkabäer
2 Makk	2 Makkabäer
Weih	Die Weisheit
Sir	Jesus Sirach

34.4 Pseudepigraphische Bücher

PsS   Die Psalmen Salomons
1.Hen   Das äthiopische Henochbuch

34.5 Philos Werke

agr.   De acricultura (Über die Landwirtschaft)
cher.   De Cherubim (Über die Cherubim)
fug.   De fuga et inventione (Über Flucht und Erfindung)
gig.   De gigantibus (Über die Riesen)
her.   Quis rerum divinarum heres sit (Über den Erben des Göttli-
             chen)
migr.   De migratione Abrahami (Über die Wanderung Abrahams)
mut.   De mutatione nominum (Über den Wandel der Namen)
post.   De posteritate Caini (Über die Nachkommen Kains)
QG   Quaestiones in Genesim (Fragen zur Genesis)
somn.   De somniis (Über Träume)
spec.   De specialibus legibus (Über die Einzelgesetze)

34.6 Abkürzung rabbinischer Werke

M.Mak   Das Traktat Makot in der Mischna
TSota   Das Traktat Sota in der Tosephta
ySchek   Das Traktat Schekalim im palästinensischen Talmud.
bPes   Das Traktat Pesachim im babylonischen Talmud

34.7 Fachbücher

ABD   David Noel Freedman (ed.), The Anchor Bible Dictionary,
             New York 1992.
Enc. Jud   Encyclopedia Judaica
BZ   Biblische Zeitschrift
CChr.   Corpus Christianorum
CJ   The Classical Journal

GCS	Griechische christliche Schriftsteller; Harnack, Adolf von, Protokollbuch der Kirchenväter-Kommission der Preußischen Akademie der Wissenschaften 1897 – 1928.
PG	J.-P. Migne (ed.), Patrologia cursus completus, Series graeca
PL	J.-P. Migne (ed.), Patrologia cursus completus, Series prima [latina]
RGG[4]	Religion in Geschichte und Gegenwart
SBAB	Stuttgarter Biblische Aufsatzbände
TRE	Theologische Realenzyklopädie

34.8 Sonstige Abkürzungen

| Cn. | Canon(es) |

35. Abbildungverzeichnis

36. Sach- und Namenregister

37. Endnoten

1   Zum Teil aus der Wikipedia: „Biblische Exegese".

2   Das Hervorgehen des „Heiligen Geistes" aus dem Vater *und dem Sohn* wird bis heute von der christlichen Orthodoxie nicht akzeptiert.

3   Der Begriff Henotheismus bezeichnet den Glauben an einen höchsten Gott, was jedoch im Unterschied zum Monotheismus der abrahamitischen Religionen die Verehrung anderer untergeordneter Götter nicht prinzipiell ausschließt.

4   Unter „Deuteronomist" wird angenommen, dass es dabei im 5. und 4. Jh. v.Chr. um eine Schule oder mehrere Bibelgelehrten handelt.

5   Weinfeld, Deuteronomy, in: Enc. Jud. Bd V, Sp. 1582.

6   Baltzer, Die Biographie der Propheten, S. 162.

7   Dieses und die folgenden Zitate sind aus dem Teil des Buches 1 Hen, das das Buch der Parabeln benannt wird. Die Datierung folgt Boccaccini, Gabriele, (Hg.) 1. Enoch and the Messiah Son of Man: Revisiting the Book of Parables, Grand Rapids 2007 und Chiala, Sabino, Libro delle Parabole di Enoch, Brescia 1997.

8   Die „Gottesfurcht" ist eigentlich mit einem guten Gewissen gleichzusetzen. Das hebr. Wort für Gewissen „maspun" scheint in der Bibel nicht auf..

9   Kapitel 40 bis 55 des Buchs Jesaja, wird einem nachexilischen Propheten, der den Notnamen Deuterojesaja erhielt, zugeschrieben.

10 Bemerkung von Prof. Stemberger: „Ähnlich rabbinisch: Der Sabbat ist für den Menschen da." Siehe Mekhilta Shabbeta 1 zu Ex 31,12: „Euch ist der Sabbat übergeben, nicht aber seid ihr dem Sabbat übergeben" (fast gleich bYoma 85b).

11 Nach Johann Maier in seinem Werk: Geschichte der jüdischen Religion : von der Zeit Alexander des Grossen bis zur Aufklärung mit einem Ausblick auf das 19./20. Jahrhundert, Berlin 1972, Seite 173.

12 Bin Herrn Professor Armin Lange für diesen Hinweis sehr dankbar.

13 Dieses rabbinisches Gesetz betrifft den „Eruv", wobei das Tragen eines Gegenstandes am Sabbath in einem umzäunten Gebiet erlaubt ist. Wie zurzeit Jesu diese Bestimmung gehandhabt wurde kann nicht mit Sicherheit festgestellt werden. Schon in der Mischna (schriftlich ca 220 n.Chr.) ist dem Eruv der Traktat Eruvin (2. Ordnung, 2. Traktat) gewidmet. Demnach wurde in einem mit einem Zaun (auch symbolisch) umgebenes Gebiet das Tragen gewisser Gegenstände gestattet.

14 Die New Revised Standard Bible (NRS) erschien erstmals im Jahr 1989 und erhielt großen Beifall und breite Unterstützung von Wissenschaftlern und Kirchenführer als eine Bibel für alle Christen. (Aus der Wikipedia).

15 TSota 13:2 etc.

16 Erst in Gen 17,5 änderte Gott Abrams Name zu Abraham. „Man wird dich nicht mehr Abram nennen. Abraham (Vater der Menge) wirst du heißen; denn zum Stammvater einer Menge von Völkern habe ich dich bestimmt."

17 Bemerkung von Herrn Prof. Stemberger: „Die Salbung ist nach rabbinischer Vorstellung nur zu Beginn einer neuen Dynastie notwendig, nicht für den Sohn eines Königs." Cf. Sifra, Mekhilta,

de Milluim 1,1 (Weiss 41b), bHor 11b und öfter: ‚Man salbt keinen König, der Sohn eines Königs ist. Und warum salbten sie Salomo: Wegen seines Streits mit Adonija' (d.h. wo die Thronfolge umstritten ist)."

18 Isaaks Name wird aus dem hebräischen Wort für „Lachen" abgeleitet, da als Gott Abraham die Geburt eines Sohnes voraussagte heißt es: „Da fiel Abraham auf sein Gesicht nieder und lachte. Er dachte: Können einem Hundertjährigen noch Kinder geboren werden, und kann Sara als Neunzigjährige noch gebären?" (Gen 17,17.).

19 Nach Wikipedia: „Erbsünde".

20 Origenes In Matthaeum P.G. 13, 1777 C und Anm. 89.

21 Text vom British Museum ms. add. 25875.

22 Die Schatzhöhle (m'arrat gazzê) (aus der Schule) Ephraims des Syrers (1) aus dem syrischen Texte drei unedierten Handschriften ins Deutsche übersetzt und mit Anmerkungen versehen von Carl Bezold, Leipzig 1883.

23 Laut Wikipedia, „Grabeskirche".

24 Rudolf Kilian, meint in seinem Aufsatz „Relecture in Psalm 110" (1999, S. 253), dass dieser ursprünglicher Königspsalm, durch Zufügung von Vers 4 eine messianische Bedeutung erhielt.

25 Bemerkung von Herrn Prof. Stemberger: „An sich sollte zwischen nefesh und neshama unterschieden werden aber auch die nefesh ist immer irgendwie auch körperlich, Grundbedeutung „Kehle"; auch neshama kann einfach der Atem, die Lebenskraft bedeuten; erst relativ spät kommt die Leib-Seele-Trennung und bleibt immer nur ein Randphänomen."

26 Hengel, Judentum und Hellenismus, S. 364. Im Ueberweg, „Die Philosophie der Antike, Bd. 4, S. 541, Zenon aus Kition: Die Seele des Menschen besteht aus Feuer, ist göttlich, körperlich, nicht ewig. Siehe auch Wilamowitz-Moellendorff, Glaube der Hellenen I, S. 370-378. Schubert, Die Entwicklung... S. 204, weist darauf hin, dass die in der Hebräischen Bibel mit „Seele" übersetzten Worte, eine „mit körperlichen Funktionen ausgestatteten Seele" bedeuten. Lohfink, Die Himmelfahrt S. 53 und Anm 150: In der jüdischen Apokalyptik ist ein Leben außerhalb des Leibes, entsprechend der alttestamentlichen Anthropologie, kaum möglich. „Der griechische Leib-Seele Dualismus konnte im Judentum seinen Einfluss nur sehr zögernd geltend machen und hat sich im Ganzen nie wirklich durchgesetzt".

27 Bauckham, The Fate, S. 91. (Kein anderes Buch führt diese Apokalypse an!)

28 Derselben Ansicht ist Bruns, in Lexikon der antiken christlichen Literatur, S. 635.

29 Für die Entstehungszeit werden einige Jahre nach 70 n. Chr. angenommen. Philonenko-Sayar, Die Apokalypse Abrahams, S. 419.

30 Segal, Heavenly Ascent, S. 1362f.

31 Denis, Introduction, S. 121, beruft sich auf Schürer und andere, die das 4. Buch einhellig auf die Zeit um 80 n. Chr. datieren.

32 Lohfink, Die Himmelfahrt, S. 53.

33 Borgen, Philo, S.194-198.

34 Die Pharisäer (hebr. peruschim, die Abgesonderten, lat. pharisæus, -i) waren eine theologische Ausrichtung im antiken Judentum. Sie bestanden während der Zeit des zweiten jüdischen Tempels (ca. 530 v. Chr. – 70 n. Chr.) und wurden danach als rabbinisches Judentum die einzige bedeutende überlebende jüdische Strömung. (Entnommen dem Artikel „Pharisäer" der Wikipaedia.).

35 Cavallin, Leben, S. 307; Friedo Ricken, Seele I. Antike, in Historisches Wörterbuch Bd.9, Sp. 3: „Die sittliche Einsicht ... ist als Begegnung der Seele mit der transzendenten Wirklichkeit der Ideen verstanden, welche die Läuterung der Seele und die Befreiung vom Leib erfordert und erst durch den Tod vollendet wird". Platon, Phaedo, 66 d 7-67 b 5; 79d 1-7; 82 b 10-d 7.

36 Z. B.: Kein Tod ohne Sünde, bSchab 55a.

37 Nach Harris, Stephen L., Understanding the Bible. Palo Alto 1985.
38 Bemerkung von Prof. Stemberger: „griech. hairesis = Lehrrichtung, Schule, nicht mit dem heutigen Wort Sekte vergleichbar".
39 Siehe van der Horst, Pieter, W., Hellenism – Judaism – Christianity, Kampen 1994, S. 103.
40 Entnommen aus der Wikipedia.
41 Bemerkung von Herrn Prof. Stemberger: „Diese Gebote sind auch in Apg 15,19f vorausgesetzt; ausführlicher zu ihrer Entwicklung; Klaus Müller, Tora für die Völker, 1994."
42 Bonz, The Jewish Donor, S.53; Wander, Gottesfürchtige, 158f.
43 Bei der angegebenen Jahreszahl wurde auch das Deuteropaulinisches Werk „Der Brief des Paulus an die Kolosser" berücksichtigt.
44 Siehe van der Horst, Pieter, W., Hellenism – Judaism – Christianity, Kampen 1994, S. 102.
45 Ähnlich in den Briefen von Offb 1,9-3,22.
46 Bemerkung von Herrn Prof. Stemberger: „Dasselbe verbietet die Teilnahme von Juden bei Festen von Heiden".Mischna Avoda Zara 1.
47 So werden die als Reden „gegen das Judentum" bekannten Reden in den neuesten Arbeiten mit Reden „gegen judaisierende Christen" übersetzt. Siehe: Paul W. Harkins: Discourses Against Judaizing Christians (The Fathers of the Church, 68), Washington DC 1999.
48 Piccirillo, Michele, The Mosaics of Jordan, S. 39.
49 Chrysostomus, Johannes, La divine liturgie de S. Jean Chrysostome, Rom 1986, S. 61.
50 Ps. 58, 11 f.
51 Jesus nicht als Messias anerkannt zu haben.
52 Siehe Gen 4,15: "Der Herr aber sprach zu ihm: Darum soll jeder, der Kain erschlägt, siebenfacher Rache verfallen. Darauf machte der Herr dem Kain ein Zeichen, damit ihn keiner erschlage, der ihn finde."
53 So im Kommentar zu Ps 40.
54 TRE 34 (2002), S. 208-224.
55 TRE 34 (2002), S. 208-224.
56 TRE 34 (2002), S. 217.
57 Benedikt XVI.: Jesus von Nazareth. Von der Taufe im Jordan bis zur Verklärung. Herder, 2007, S. 80 ff.
58 Benedikt XVI.: Jesus von Nazareth. Von der Taufe im Jordan bis zur Verklärung. Herder, 2007, S. 80 ff.
59 TRE 34 (2002), S. 217.
60 Bemerkung von Herrn Prof. Stemberger: „Auch rabbinisch ist das zwar die verbreitetste These, doch es gibt auch andere Vorstellungen (vgl. meinen Aufsatz Zur Auferstehungslehre in der rabbinischen Literatur. Kairos, 15 (1973), 238-266, ausführlicher zuletzt José Costa, L'au-delà et la résurrection dans la littérature rabbinique ancienne, Paris 2004."

Die Wiener Vorlesungen laden seit 1987 wichtige Persönlichkeiten des intellektuellen Lebens dazu ein, in den Festsälen des Rathauses ihre Analysen und Befunde zu den großen aktuellen Problemen der Welt vorzulegen.

Anliegen der Wiener Vorlesungen ist eine Schärfung des Blicks für die Komplexität, Differenziertheit und – häufig auch – Widersprüchlichkeit der Wirklichkeit. Der analytisch-interpretative Zugang der Wiener Vorlesungen dämpft die Emotionen und legt Fundamente für eine Bewältigung der Probleme mit zivilen und demokratischen Mitteln. Das Publikum trägt durch seine Teilnahme an den Wiener Vorlesungen zur „Verbreitung jenes Virus" bei, das für ein gutes politisches Klima verantwortlich ist.

Bei den Wiener Vorlesungen waren seit 1987 über 1000 Vortragende aus allen Kontinenten zu Gast. Unter den Referenten befanden sich u. a. Marie Albu-Jahoda, Ulrich Beck, Bruno Bettelheim, Ernesto Cardenal, Carl Djerassi, Marion Dönhoff, Irenäus Eibl-Eibesfeldt, Manfred Eigen, Mario Erdheim, Amitai Etzioni, Vilem Flusser, Viktor Frankl, Peter Gay, Maurice Godelier, Ernst Gombrich, Michail Gorbatschow, Jeanne Hersch, Eric J. Hobsbawm, Werner Hofmann, Ivan Illich, Verena Kast, Otto F. Kernberg, Rudolf Kirchschläger, Václav Klaus, Ruth Klüger, Teddy Kollek, Kardinal Franz König, György Konrad, Bischof Erwin Kräutler, Bruno Kreisky, Peter Kubelka, Hermann Lübbe, Viktor Matejka, Adam Michnik, Hans Mommsen, Max F. Perutz, Hugo Portisch, Uta Ranke-Heinemann, Eva Reich, Marcel Reich-Ranicki, Horst-Eberhard Richter, Erwin Ringel, Carl Schorske, Edward Shorter, Helmut Sohmen, Marcel Tshiamalenga Ntumba, Paul Watzlawick, Georg Weidenfeld, Erika Weinzierl, Ruth Wodak, Hans Zeisel.

Die Reihe „Wiener Vorlesungen. Forschungen" bietet die Möglichkeit, wissenschaftliche Arbeiten, die durch die Wiener Vorlesungen eröffnet und angeregt wurden, einer größeren Öffentlichkeit vorzustellen.

Wiener Vorlesungen:
Forschungen

Herausgegeben für die Kulturabteilung der Stadt Wien
von Hubert Christian Ehalt

www.peterlang.de

Claudia Alsleben-Baumann

Synagoga – Typologien eines christlich-kultivierten Antijudaismus

Einsichten und Auswege im Fokus anamnetischer Religionspädagogik

Frankfurt am Main, Berlin, Bern, Bruxelles, New York, Oxford, Wien, 2009.
XXI, 153 S., 64 Abb.
Übergänge. Studien zur Ev. und Kath. Theologie / Religionspädagogik.
Herausgegeben von Reinhard Wunderlich und Bernd Feininger. Bd. 11
ISBN 978-3-631-58576-4 · br. € 43,00*

Den Ausgangspunkt dieser Studie bilden Wesen und Wirkung der Synagoga-Typologie im Kontext neuzeitlicher Antijudaismusforschung. Benannt und gedeutet werden auf psychologisch fundierter Basis judenfeindliche Selbstdefinitionen des Christentums, fächerübergreifend ihre Wege ins christlich-abendländische Kulturgut. Mit Einbezug dieser zumeist über ein diachrones Methodenverfahren gewonnenen Ergebnisse untersucht die Arbeit solidarisches Gedenken in religionspädagogischem und -didaktischem Blickfeld und entfaltet Ziele und Objektivationen erinnerungsgeleiteter Lernprozesse unter kritischer Würdigung bestehender Lehr-Lern-Sequenzen. Es zeigen sich u. a. Gründe hinterfragbarer religiös motivierter Nachrede als Folge einer theologisch unbewältigten Stellung zum Judentum und rezeptionsorientierte Maßnahmen als Akt gegen kulturell vermittelte Feindschaft.

Aus dem Inhalt: Synagoga-Begriff · Bedeutungsebenen von Typologien · Antijudaismus · Gefährdung christlicher Identität · Psychologisch-theologische Genese · Explizite Synagoga-Typologien als „christlich-kultivierte" Antijudaismen · Positive Wendungen · Anamnetik · Ziele und Objektivationen erinnerungsgeleiteter Lernprozesse

Frankfurt am Main · Berlin · Bern · Bruxelles · New York · Oxford · Wien
Auslieferung: Verlag Peter Lang AG
Moosstr. 1, CH-2542 Pieterlen
Telefax 0041 (0) 32 / 376 17 27

*inklusive der in Deutschland gültigen Mehrwertsteuer
Preisänderungen vorbehalten
Homepage http://www.peterlang.de

Peter Lang · Internationaler Verlag der Wissenschaften